괴테의
교양

괴테의
교양

1판 1쇄 발행 2020년 12월 30일

지은이 괴테
엮고 옮긴이 엄인정, 김형아
펴낸이 이재호
기획 이재호
편집 생각뿔 편집부

발행처 생각뿔
주소 서울특별시 중랑구 동일로91가길 34, 201호
등록 제 2020-27호
e-mail tubook@naver.com
ISBN 979-11-89503-80-2(03100)

생각뿔은 '생각(Thinking)'과 '뿔(Unicorn)'의 합성어입니다.
신화 속 유니콘의 신성함과 메마르지 않는 창의성을 추구합니다.

생각뿔

Johann Wolfgang von
Goethe
1749~1832

〈역자 서문〉

지금 여기서 괴테와 다시 만난다는 것

▶ 시인이자 소설가, 극작가이자 철학가, 그리고 정치가……. 괴테(Johann Wolfgang von Goethe, 1749~1832) 앞에 붙는 수식어는 그가 이룩한 업적만큼 다양하다. 1749년 8월, 독일 프랑크프루트암마인에서 태어난 그는 황실 고문관인 아버지와 프랑크푸르트 시장의 딸인 어머니 사이에서 유복하게 자랐다. 1759년 7년 전쟁의 여파로 프랑크푸르트가 프랑스 군에 점령당했을 당시 군정관이 괴테의 집에 머물렀는데, 그를 통해 프랑스 미술, 연극, 문학 등을 배우며 관심을 갖게 된다. 1765년 라이프치히 대학에 입학해 법률을 전공하고 여러 예술가들과 교류하며 문학과 미술을 공부하다가 1768년 폐결핵으로 학업을 중단한다. 그해 첫 희곡 『연인의 변덕』을 완성하고 연인 케트헨과 결별한다.

1769년 희곡 『공범자들』을 완성한 뒤 이듬해 병이 완쾌된 그는 슈트라스부르크 대학에 입학해 법률학 공부를 계속한다. 제젠하임을 방문한 후, 그 고장 목사의 딸 프리데리케와 사랑에 빠진 그는 그녀를 위해 수

많은 서정시를 쓴다. 그러나 또 한 번 이별의 아픔을 겪게 된 괴테는 프리데리케와 결별한 뒤 1771년 고향 프랑크프루트로 돌아와 변호사가 된다. 그러다 이듬해 고등법원의 실습생으로 베츨라에 머물렀을 때 샤를로테 부프를 만나 다시 사랑의 감정을 키워 나간다. 그러나 그녀는 이미 약혼자가 있었기에 그 사랑은 이루어지지 못한다. 샤를로테 부프와의 만남과 이별, 그리고 괴테의 친구였던 예루살렘이 실연해 자살을 하게 된 사건들은 훗날 그의 역작 『젊은 베르테르의 슬픔』(1774)의 소재가 된다. 이 작품으로 괴테는 문단에서 커다란 주목을 받으며 명성을 높인다.

법률학을 전공했지만 철학, 지질학, 광물학, 자연과학, 문학, 미술 등 다방면에 관심을 가지며 다재다능함을 보인 그의 모습은 『젊은 베르테르의 슬픔』 속 베르테르에 그대로 투영된다. 이후에도 그의 창작 활동은 계속된다. 1773년 희곡 『괴츠』를 발표하고 『파우스트』, 『에르빈과 엘미레』 등을 집필하기 시작한 뒤 1774년에 『젊은 베르테르의 슬픔』을 완성한다. 1775년 엘리자베스 쇠네만과 약혼한 뒤 몇 달 뒤에 파혼하고, 1776년 바이마르의 추밀원 고문관으로 임명된다. 1778년 희곡 『에그몬트』를 집필하고, 1779년 희곡 『이피게니에』의 집필을 마친 뒤 상연한다. 1782년 황제 요제프 2세에게 귀족의 칭호를 받았으며, 『빌헬름 마이스터의 수업시대』를 집필하기 시작한다. 1785년 식물학에 관심을 갖고 연구하기 시작했고, 『빌헬름 마이스터의 연극적 사명』의 집필을 마친다. 1786년에는 아우구스트 공, 슈타인 부인과 함께 이탈리아로 여행을 떠난다. 약 2년 동안 이어진 이탈리아 여행은 괴테의 고전주의 예술관 확립에 지대한 영향을 미친다. 또한 그 즈음 그는 오랜 친구와 결별하는 아픔을 겪으며 인생의 전환점을 맞이한다. 10월, 로마에 도착한 괴테는 티슈바인, 라이펜슈타인 등과 교제하며 고대 유적에 관심을 갖고 연구하기 시작했으며, 희곡 『에그몬트』(1787)를 완성한다. 1788년 로마에서 다시 바이마르로 돌아온 그는 크리스티아네 불피우스와 연인이 되는데 훗날 그녀는 괴테의 부인이 된다.

1790년 단편 『파우스트』와 『식물 변형론』 등을 발표하며, 색채론과 비교 해부학에도 관심을 가지며 연구한다. 1791년 바이마르 궁정의 극장 감독으로 임명되며, 바이마르에서 『에그몬트』가 초연된다. 1792년 8월, 프랑스와의 전쟁으로 프러시아 군에 소속된 카를 아우구스트를 따라 출정한 그는 1793년 5월부터 8월까지 마인츠 공방전에 종군한다. 1794년에는 독일의 또 다른 거장 실러(Johann Christoph Friedrich von Schiller, 1759~1805)와 함께 〈호렌〉지 제작을 한다. 그 후 괴테는 실러와 교류하며 우정을 지속한다. 1795년 『독일 피난민의 대화』, 『빌헬름 마이스터의 수업시대』를 발표하고 실러와 함께 작품을 구상하며 「크세니엔』의 집필을 시작한다. 1797년에는 실러의 격려로, 중단했던 『파우스트』를 다시 집필한다. 1804년 『빙켈만과 그의 세 시기』를 발표한다. 1805년 신장병으로 건강이 악화된 괴테는 그해 5월, 실러가 사망하자 그를 애도하며 『실러의 종(鐘)에 대한 에필로그』를 발표한다. 1806년 10월, 크리스티아네와 정식으로 결혼한 뒤 1808년 『파우스트』 제1부를 발표하고, 1811년에는 『시와 진실』 제1부를 완성한다. 이듬해 칼스바트에서 베토벤을 만나 인연을 맺고 그의 음악을 삽입한 『에그몬트』가 초연되며 『시와 진실』 제2부를 완성한다. 1813년에는 『시와 진실』 제3부를 발표하고, 1815년 재상으로 임명되며 희곡 『에피메니네스의 각성』이 상연된다. 1816년 6월에는 부인 크리스티아네가 사망한다.

1819년 『서동시집』이 출간되고, 1821년 『빌헬름 마이스터의 편력 시대』를 완성해 발표한다. 1829년에는 『파우스트』 제1부가 다섯 개의 도시에서 상연되고 『이탈리아 기행』의 집필을 마친다. 1830년 10월에는 아들 아우구스트가 사망한다. 그 즈음 폐결핵에 걸린 괴테는 건강이 점점 악화되었지만 1831년 7월, 마침내 『파우스트』 제2부를 완성한다. 우여곡절 끝에 무려 60여 년에 걸친 대작이 완성된 것이다. 원하는 모든 것을 누리기 위해 악마와 계약을 맺은 파우스트 박사가 종국에 벌을 받게 된다는 내용을 담고 있는 이 희곡은 오늘날까지 수많은 예술가들에게 영감을 주며 새로운 작품들을 탄생시켰다. 『젊은 베르테르의 슬픔』과 마찬가지로 『파우스트』 역시 문학사적으로 고전주의에서 낭만주의 시대로 넘어가는 과도기에 형성된 작품으로서 인간의 욕망과 근대 사회를 향한 괴테의 예리한 통찰이 잘 드러나 있다. 그는 『파우스트』를 완성한 이듬해 1832년 3월, 세상을 떠난다.

앞서 살펴본 바와 같이 괴테는 시집을 비롯한 소설, 희곡, 산문, 서한(書翰) 등 다양한 장르의 수많은 작품들을 남기며 오늘날까지 독자들에게 다채로운 즐거움을 주고 있다. 이 책은 그가 우리에게 남긴 빛나는 성취 중에 깊은 울림을 주는 주옥같은 잠언들을 간추려 모은 것이다. 다양한 분야에 관심을 갖고 활동한 만큼 그가 우리에게 미치는 영향력 또한 넓고 깊을 것이라 믿는다.

엄인정, 김형아

괴테의 일생 _ 게시물 360,823 | 팔로워 3,982,485

#1749년생 #독일 프랑크푸르트암마인 #법률 전공자 #『젊은 베르테르의 슬픔』 #『파우스트』 #폐결핵 #1832년 사망 #독일 대문호

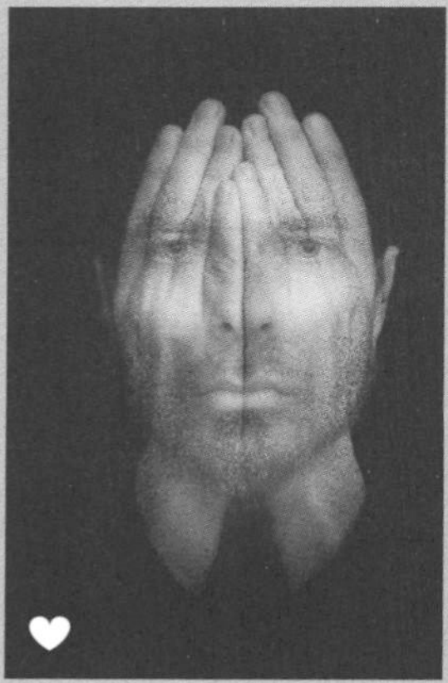

#평생 시와 소설, 희곡뿐 아니라 다양한 장르의 수많
은 작품을 집필해 우리에게 빛나는 성취를 남긴 괴테!
...

1,540,386

차례

〈'괴테의 교양' 구성과 특징〉

❶ 괴테의 사상에 관한 내용 이해를 돕기 위해 '다양한 이미지 자료'를 삽입했다.

❷ 각 Part가 시작될 때마다 해당 Part 주제에 관한 '상세한 해설'을 덧붙였다.

❸ 각 Part 뒤에는 해당 Part에 소개된 여러 내용 가운데 '중요한 문장'을 다시 한번 발췌해 요약 · 정리했다.

❹ 본문의 번호 위에는 전부 'check 박스'를 넣어 해당 구절을 읽거나 학습한 후 표시할 수 있도록 했다.

❺ 본문 가운데 더 주의 깊게 읽어야 하거나 주목해야 할 중요한 구절에는 소제목 오른쪽에 'save 표시'를 추가했다.

❻ 본문 가운데 일부 문장이나 전체 문장은 하단에 '독일어 원문'도 함께 수록했다.

❼ 각 Part에 들어간 해설이나 본문에는 핵심 용어나 개념을 중심으로 '해시태그'를 추가했다.

Part 1

괴테가 '자아성찰과 인간'에 관해 말하다

역사적 혼란기와 과도기를 겪으며 독일 문학의 수준을 한껏 끌어올린 낭만주의의 선구자 괴테

#괴테 #산업 혁명 #프랑스 혁명 #고전주의 #낭만주의 #『젊은 베르테르의 슬픔』 #『파우스트』#슈투름 운트 드랑 #독일 문학 #다재다능

745,000

▶ 괴테가 살았던 18세기에서 19세기 초반의 유럽은 산업 혁명과 프랑스 혁명이라는 거대한 역사적 사건이 발생한 혼란기였다. 문학사적 관점에서는 고전주의에서 낭만주의 사조로 이행되던 과도기였다. 괴테는 고전주의 작가이자 동시에 낭만주의의 선구자였다. 고전주의란 이성과 질서, 규범과 보편성을 중시하는 사조로서, 보통 인간 본연의 감성에 충실한 낭만주의와는 대립된다. 그렇기에 이미 약혼자가 있는 여자를 사랑하는, 다소 부도덕하고 규범에 어긋나며 이성보다는 사랑이라는 감성에 충실했던 한 남자의 비극을 소재로 다룬 그의 소설 『젊은 베르테르의 슬픔』(1774)이 당대 사회에 큰 파장을 불러일으킨 것은 무리가 아니었다. 독일 낭만주의를 이끈 '슈투름 운트 드랑(Sturm und Drang, 질풍노도-합리적인 이성을 중시하는 계몽주의와 대립하며 개인의 감정과 자유를 중시하는 문학 운동)'의 이념이 깔려 있는 이 작품은 감정의 해방과 자유를 담은, 새로운 시대를 이끄는 문학 작품으로 평가된다.

이렇듯 역사적으로 혼란기이자 과도기를 겪으며 수많은 작품을 남긴 괴테는 스물넷에 구상을 시작해 세상을 떠나기 일 년 전인 1831년에 『파우스트』를 완성한다. 60여 년에 걸쳐 완성된 대작이니 작가로서 그의 전 생애를 다 바쳤다고 볼 수 있다. 괴테는 『파우스트』를 완성함으로써 작가로서 그의 이력에 정점을 찍으며 독일 문학의 수준을 한층 드높였다.

짧지 않은 생애 동안 괴테는 시, 소설, 희곡, 산문, 서한 등 다양한 장르의 작품을 남겼으며, 전공인 법률학뿐만 아니라 지질학, 광물학, 자연과학, 문학, 미술 등 다방면에 관심을 갖고 다양한 인물들과 교류했다. 또한 그는 유능한 정치가이기도 했다. 이렇듯 괴테가 다재다능할 수 있었던 것은 타고난 능력 때문이기도 하지만 현실에 안주하지 않고 늘 배우는 자세로 쉼 없이 학습했기 때문이다. '상상할 수 없는 결과를 얻으려거든 상상할 수 없을 만큼의 노력을 하라.'는 누군가의 말처럼, 어제보다, 또 오늘보다 더 나은 내가 되기 위해 우리는 매 순간 끊임없이 노력해야 한다.

◀ 1876년 독일에서 대형 판으로 출간된 『파우스트』 제1부의 표지다. 사이즈는 51×38cm이다. 괴테는 1773년에 『파우스트』를 구상한 후 집필하기 시작해 60여 년이 지난 1831년에서야 완성한다.

괴테의 『파우스트』 _ 팔로워 3,982,485 _ 1,540,386

#괴테는 1773년에 『파우스트』를 구상한 후 집필하기 시작해 60여 년이 지난 1831년에서야 완성한다.

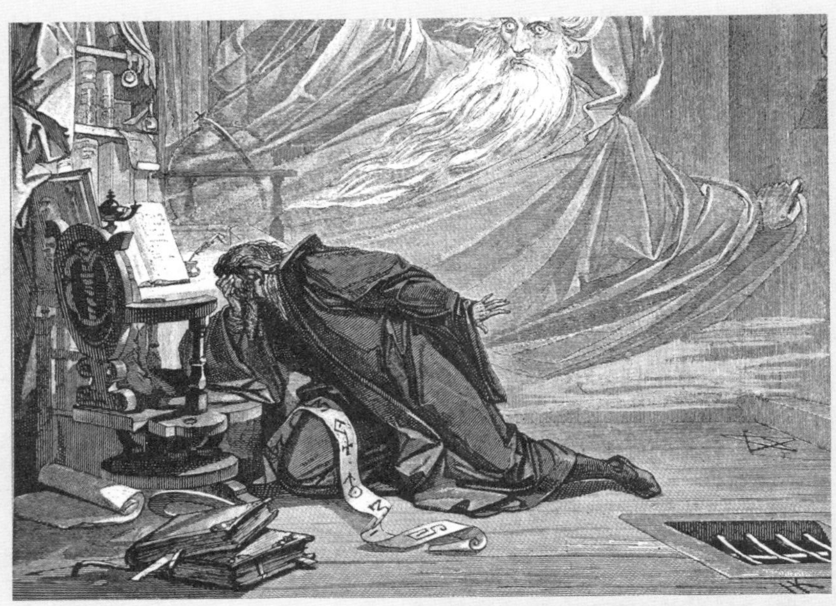

❶

❷

❶ 독일의 화가 아우구스트 폰 크렐링이 '파우스트'를 묘사한 삽화다. 1874년 독일에서 출간된 괴테의 『파우스트』 안에 실려 있다. ❷ 독일의 화가 마그레트 호프하인츠 되링이 그린 『파우스트』 제1부와 관련한 유화 가운데 한 작품이다.

④ ③

❸ 스페인의 화가 루이스 리카르도 팔레로가 1880년 괴테의 『파우스트』에서 영감을 받아 완성한 <파우스트의 꿈>이다. ❹ 독일의 화가 아우구스트 폰 크렐링이 그린 삽화다. 『파우스트』에 등장하는 발렌틴이 파우스트와의 결투 후 죽어 가는 모습을 나타낸 것이다.

괴테의 『파우스트』 삽화 _ 팔로워 1,952,476

#희곡 #괴테의 대표작 #파우스트 박사 #메피스토펠레스 #예리한 통찰 #신의 섭리와 은총 #인간의 욕망 #기독교 정신

#작가로서 괴테의 이력에 정점을 찍으며 독일 문학의 수준을 한층 드높인 작품 『파우스트』! ...

check

☐

001

‘나’는 무엇인가

Was ist „ich“?

#자신 #인간의 정신 #보물 #무한함

save

▶ 당신은 결국, 당신 자신인 것이지요. 수백만 가닥의 곱슬머리로 된 가발을 쓰고, 아무리 높은 굽의 구두를 신었다 하더라도 당신은 영원히 당신 자신인 것이지요. 나도 그리 느끼네. 내가 인간의 정신이라고 끌어 모은 온갖 보물들은 다 쓸모없는 것이었네. 결국 내가 어느 자리에 앉아 있든 어떠한 힘도 새로이 생기지 않았지. 털끝만큼도 나아지지 않았고, 무한함에 조금도 다가가지 못했지.

Du bist am Ende – was du bist.

● 『파우스트』

인생의 무상함을 느끼며 노쇠한 자신의 모습을 비관해 자살을 시도

하려 했던 파우스트에게 악마가 권한 젊음의 비약은 영혼을 팔아서라도 얻고 싶을 만큼 파우스트에게 간절한 것이었다. 결국 파우스트는 온갖 향락을 누리는 대가로 악마와 모종의 계약을 맺는다. 젊음을 되찾은 파우스트는 인생에서 누릴 수 있는 온갖 즐거움을 누리지만 종국에는 파멸한다. 인간(파우스트)을 조종할 수 있다고 생각한 악마가 신과 내기를 한 것이었는데 악마가 이긴 것이다. 그러나 악마가 파우스트의 영혼을 거둬 가려는 순간 천사들이 나타나 파우스트를 데려간다. 결국 파우스트는 신에게 구원을 받은 것이다. 파우스트는 자신의 소원대로 다시 젊어졌지만 그의 본질은 바뀌지 않았다. 젊고 아리따운 여인을 만나 사랑을 하며 인생에서 누릴 수 있는 온갖 향락을 즐겼지만 마지막에 돌아오는 건 결국 허무함과 죄의식뿐이었다. 오늘날 욕망의 화신(化身)으로 대변되는 파우스트는 누구보다 명석한 박사였지만 또 누구보다 어리석었다. 현자(賢者)란 우리가 생각하는 것만큼 거창하거나 위대한 사람이 아니다. 있는 그대로의 자신의 모습을 받아들이되 더 나은 모습으로 개선하려는 의지를 갖고 부단히 노력하는 사람, 그리고 주어진 상황에서 최대한 즐길 수 있는 사람일 것이다. 모두가 알고 있지만 쉽게 실천하지 못하는 이것을 행하는 자, 바로 진정한 현자일 것이다.

▲『파우스트』에 등장하는 발렌틴은 악마의 도움을 받는 파우스트를 결국 이기지 못한다.

check

☐

002

인간 증명서

Menschliches Zeugnis

save

#열정 #소용돌이 #행위 #진정한 인간

▶ 깊은 관능으로 나의 타오르는 열정을 달래자! 꿰뚫어 볼 수 없는 가면 뒤에서 놀랄 일들을 준비하다 시간의 급류 속으로, 사건의 소용돌이 속으로 뛰어들어 보자! 그러면 기쁨과 괴로움, 성공과 좌절이 밀려올 것이다. 그 끊임없는 행위들이 진정한 인간임을 증명할 것이다.

Mit einander wechseln wie es kann; Nur rastlos bethätigt sich der Mann.

● 『파우스트』

check

□

003

더 나은 내가 되는 길

Der Weg, zu einem besseren Ich zu werden

#약속 #발전 #운명 #번민 #수용

▶ 친구여, 나는 자네에게 굳게 약속하고 싶네. 내 생각을 바꾸어서 더 나은 사람이 되겠다고 말이야. 내가 지금까지 그랬던 것처럼, 운명이 우리에게 던져 주는 작은 불행을 보고 이를 반복해 번민하지 않을 작정이라네. 현재 나에게 직면해 있는 일을 그대로 받아들이겠네.

Wiederkäuen, wie ich's immer getan habe; ich will das Gegenwärtige genießen.

●『젊은 베르테르의 슬픔』

check
□
004

스스로에게 귀 기울이기

Sich selbst zuhören

save

#세상사 #허무함 #바보짓

▶ 세상사란 결국 아무 가치도 없는 그저 하찮고 허무한 것이란 말일세. 또 스스로에게 우러나오는 욕구나 정열을 느끼지 못하면서 다른 사람을 위해 돈이나 명예 따위를 얻으려 하는 것은 바보가 하는 짓 아니고 무엇이겠는가!

Der um anderer willen, ohne daß es seine eigene Leidenschaft, sein eigenes Bedürfnis ist, sich um Geld oder Ehre oder sonst was abarbeitet, ist immer ein Tor.

● 『젊은 베르테르의 슬픔』

세상을 살아가는 데 있어 물질적인 것과 정신적인 것 모두 다 중요하다. 물질적인 것을 중시하는 사람을 속물이라 단언하는 사람이 어쩌면 가장 속물일지도 모른다. 물질적인 것을 추구하는 것은 저급한 일이며 정신적인 것만이 고귀하고 가치 있는 일이라는 것이 진리처럼 여겨지는 세상이다.

물론 정신적인 것의 중요함을 역설하기 위해 상대적으로 물질적인 것의 가치를 폄하한 것이겠지만, 살아가는 데 있어 물질의 중요성을 결코 무시할 수는 없을 것이다.

괴테 역시 그러한 관점에서 말한 것이었으리라. "돈이나 명예 따위"라고 언급했지만 그 돈이나 명예 따위도 인간에게 필요하고 중요한 것이기 때문이다. 그러나 그보다 더 가치를 두어야 하는 건 결국 정신적인 것이다. 돈과 명예를 좇다 보니 잊고 살았던 내 마음의 소리, 그것에 귀를 기울여야 한다는 것이다. 우리는 우리 자신이 진정으로 원하는 것이 무엇인지 제대로 생각해 본 적이 있었던가. 돈도 명예도 학벌도 필요하고 중요하다. 그러나 그것들만 보고 달리느라 그보다 더 소중한 가치를 잊고 살진 않았는지, 괴테의 말을 빌려 한 번쯤 점검해 보기를 바란다.

check

□

005

'나'를 잃어버린다는 것

Mich selbst verlieren

save

#불행 #불안정 #무기력 #잃어버림

▶ 나는 정말 불행하다네. 활동력이 점점 줄어들고 게을러지면서 불안정한 심리 상태에 이르렀다네. 조금도 마음의 여유를 가질 수 없고, 무슨 일이든 손에 잡히지 않네. 상상력도 사라졌고, 자연을 느끼는 힘도 사라져 버렸네. 책은 보기만 해도 구역질이 날 정도라네. 우리가 우리 자신을 잃어버린다는 것은 모든 것을 다 잃어버리는 것이나 다름없네.

Wenn wir uns selbst fehlen, fehlt uns doch alles.

● 『젊은 베르테르의 슬픔』

로테를 향한 뜨거운 마음을 접을 수 없었던 베르테르는 하루하루 병들어 간다. 이성의 힘으로 버티고 버텨 왔지만 끝내 무너져 버리고 마는 베르테르의 모습은 그저 안타까울 뿐이다. 사람은 간절히 원하는 무언가를 얻지 못하면 의욕을 잃기 마련이다. 베르테르는 이제 자신이 그토록 좋아하던 책이 보기만 해도 구역질이 날 지경이 되었고, 불안정한 마음 탓에 규칙적인 생활도 불가능해져 점점 게을러져만 간다. 마음이 괴로울 때면 손가락 하나 움직이기 어려운 법이다. 그럴 땐 마음의 소리를 따라 몸을 쉬게 하는 것도 활력을 되찾기 위한 방법이 될 수 있다. 그러나 어느 정도 휴식을 취한 뒤에는 몸을 움직여야 한다. 몸을 바삐 움직이며 나무와 바람, 새소리, 푸른 하늘빛을 온몸으로 느끼다 보면 정신 또한 자연스럽게 환기가 되는 경험을 우리는 종종 해 보지 않았던가. 마음이 힘들 때면 충분히 쉬어야 한다. 마음의 소리를 거스르며 몸을 움직이다 보면 오히려 역효과가 생길 테니까. 그러나 어느 정도 쉬었다면 다시 일어나 자연 속으로 걸어가라. 자연은 힘겨운 오늘을, 또 내일을 살아가야 하는 우리에게 최고의 해답을 줄 테니까.

#나다운 삶을 사는 것이 중요하다. 나 자신을 잃어버리는 것은 전부를 잃는 것이기 때문이다. ...

check

☐

006

내가 나에게 던지는 물음

Eine Frage, die ich mir selbst stelle

save

#바보 #자기기만 #기도의 대상 #그녀

▶ 불쌍한 자여! 너는 바보가 아닌가? 너는 스스로를 속이고 있지 않는가? 이렇게 끊임없이 날뛰는 너의 정열은 무엇이란 말인가? 내가 바치는 기도의 대상은 그녀밖에는 없네. 상상력을 있는 그대로 긁어모아도 나를 둘러싼 세계는 오직 그녀의 모습뿐이라네. 또 나를 둘러싼 모든 것은 오직 그녀와의 관계 속에서만 존재한다네.

Unglücklicher! Bist du nicht ein Tor? Betriegst du dich nicht selbst? Was soll diese tobende, endlose Leidenschaft?

● 『젊은 베르테르의 슬픔』

로테를 사랑하는 베르테르의 매 순간은 그녀로 가득하다. 그녀와 연관되지 않은 세상의 만물은 없으며 그는 로테라는 세계 안에서 비로소 존재하는 것이다. 그토록 이성적이고 다재다능한 베르테르마저 바보처럼 무력하게 만드는 강력한 힘, 이것이 바로 사랑이다. 사랑에 빠져 본 사람이라면 누구나 그의 마음을 이해할 수 있을 것이다. 그러나 이미 정혼자가 있던 로테였기에 불행히도 베르테르의 사랑은 이루어질 수 없는, 해서는 안 될 사랑이었다. 작은 일 앞에서도 쉽게 결단을 내리지 못하고 망설이게 되는, 나 자신조차도 어쩔 수 없는 것이 내 마음인데, 하물며 사랑이라는 뜨거운 감정을 억눌러야 하는 것이다. 베르테르를 살게 하고 또 죽게 하는, 비극으로 끝날 것을 알면서도 차마 멈추지 못했던 사랑, 온 마음을 다 바쳐 열렬히 사랑했기에 독자들은 베르테르의 부도덕한 사랑마저 연민할 수밖에 없다. 사랑할 때는 누구나 순수한 아이가 된다. 그저 마음이 가는 대로 모든 것을 맡기고 싶은, 사랑이라는 늪에서 영영 헤어 나오고 싶지 않은 것이다. 베르테르는 모든 걸 다 주고도 아깝지 않았던, 더 많이 주지 못해 미안했던 그 시절 우리의 모습이었으리라.

check

☐

007

오해와 용서

Missverständnis und Vergebung

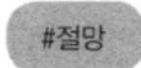

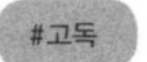

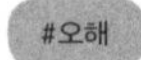

#용서

▶ 시간이 점점 흐른 뒤에야 내가 얼마나 암울한 절망과 외로워 사무칠 고독에 그녀를 버리고 떠난 것인지에 대한 죄책감이 들었어. 세상을 커다란 혼란에 빠트리는 오해가 얼마나 많은가. 반면, 이런 혼란을 야기한 커다란 실수일지라도 용서를 구할 기회 또한 얼마나 많은가!

Wieviel Umstände können dem größten Fehler Vergebung erflehen!

● 『빌헬름 마이스터의 수업시대』

check

☐

008

운명이란

Was Schicksal ist

save

#편협한 존재 #교육 #운명 #스승

▶ 사람은 결국 편협한 존재라 타인을 자신과 똑같이 교육하고 싶어 하지. 때문에 운명에 삶을 맡긴 자들은 행복하지. 운명은 그만의 독특한 방식으로 사람을 교육시키니 말이야. 운명이란 콧대 높은, 값비싼 수업료가 드는 당신만의 스승이지.

Das Schicksal ist ein vornehmer, aber teurer Hofmeister.

● 『빌헬름 마이스터의 수업시대』

check

☐

009

고귀하고 진정성 있는 자

Jemand, der vornehm und ernst ist

#돈 #으스댐 #고귀한 자 #좋은 친구

▶ 돈을 주며 타인의 마음을 쉽게 사는 사람은 다른 이가 표시해 오는 감사함을 보며 으스대고 싶은 유혹에도 쉽게 넘어가곤 합니다. 이런 뜻에서 제가 생각하는 고귀한 사람이란 아마 친구들을 가질 수 있지만 스스로 좋은 친구라 말할 수는 없다고 생각합니다.

Wer sich leicht loskaufen kann, wird so leicht versucht, sich auch der Erkenntlichkeit zu überheben.

● 『빌헬름 마이스터의 수업시대』

check

□

010

'게으름'에 대한 반성

Selbstreflexion über „Faulheit"

save

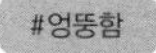
#엉뚱함
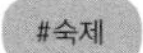
#숙제
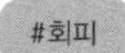
#회피

▶ 우리는 엉뚱한 짓을 하며 초등학생들이 숙제를 미루는 것처럼 숙제를 떠올리는 모든 걸 회피하고 있는 건 아닐까요?

Wir treiben fremde Dinge und entfernen, den Schulkindern ähnlich, alles, was uns nur an unsre Lektion erinnern könnte.

● 『빌헬름 마이스터의 수업시대』

check

□

011

자기반성

Selbstreflexion

#인간 #나쁜 버릇 #자기기만 #마비

▶ 인간이란 스스로에게도 바보짓을 하는 나쁜 버릇이 있음을 부정하진 않지만, 보이는 것만으로 그 버릇을 과소평가하기 십상이다. 그 버릇은 자기기만이란 이름의 도움을 받아 자아에 스며들어 이성을 마비시켜 버리지요.

So traktierte man ihn auch nur für das, was er war, anstatt daß er auf dem andern Wege, durch Hülfe des Selbstbetrugs, oft im Hause zur Herrschaft gelangt und die Vernunft zur heimlichen Knechtschaft zwingt, die sich einbildet, ihn lange verjagt zu haben.

● 『빌헬름 마이스터의 수업시대』

check

□

012

'나'를 만들어 가는 길

Der Weg, „mich" zu erschaffen

save

#자아 완성 #소원 #바람 #수단

▶ 있는 그대로 나를 완성시켜 나가는 것이 내가 어릴 적부터 미약하게나마 키워 왔던 소원이자, 의도였다네. 아직도 난 그 바람을 간직하고 있지. 다만 지금은 그 바람을 실현시킬 수 있는 수단이 분명해졌을 뿐이지.

Daß ich dir's mit einem Worte sage: mich selbst, ganz wie ich da bin, auszubilden, das war dunkel von Jugend auf mein Wunsch und meine Absicht.

● 『빌헬름 마이스터의 수업시대』

check

□

013

인간이기에

weil ich ein Mensch bin

save

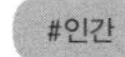 #인간 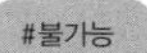 #불가능 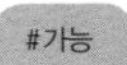 #가능 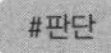 #판단

▶ 오로지 인간만이 불가능을 가능하게 만든다. 인간은 구분하고 선택하며 판단한다.

Er unterscheidet, Wählet und richtet Er kann dem Augenblick Dauer verleihen.

● 「신의 뜻」

check

□

014

아름답게 사는 방법

Eine Art, schön zu leben

#아름다운 삶 #행복 #증오 #신

▶ 삶을 아름답게 이어가고 싶다면 지난 일에 속박되지 말고, 쉽게 화를 내지 말 것. 항상 지금에 행복을 느끼고, 타인을 증오하지 말고, 불안한 미래는 신에게 맡길 것.

Mußt stets die Gegenwart genießen, Besonders keinen Menschen hassen Und die Zukunft Gott überlassen.

●「살아가는 방법」

check

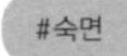

015

내면의 다툼

Innerer Konflikt

#숙면 #내면의 갈등 #기쁨

▶ 숙면을 바란다고! 나는 내면의 갈등을 사랑한다. 이는 우리가 스스로 의심하지 않는다면 분명한 것을 알게 되는 기쁨을 어디서도 얻을 수 없기 때문일 것이리라.

Ich liebe mir inneren Streit.

●「숙면하는 방법」

‘명성’이라는 것

Was Ruhm ist

#명성 #분별 #허상 #파멸

▶ 명성은 반드시 가져야 한다. 삶에서 일어나는 일을 분별하지 않으면 안 된다. 허상을 꿈꾸는 자는 필히 망하리라.

Guten Ruf mußt du dir machen.

●「명성이란」

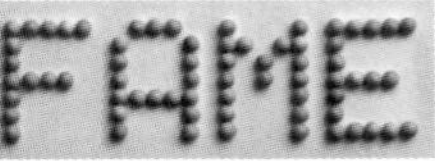

괴테가 '자아성찰과 인간'에 관해 말을 전하다

check □

❶ 아무리 겉모습이 변하고 사회적 위치가 바뀌어도 결국 당신은 당신 자신이다.

❷ 더 나은 내가 되기 위해서는 있는 그대로의 현실을 받아들여야 한다.

❸ 내면의 소리에 귀 기울이는 일이야말로 진정으로 가치 있는 일이다.

❹ 나다운 삶을 사는 것이 중요하다. 나 자신을 잃어버리는 것은 전부를 잃는 것이기 때문이다.

❺ 사람 사이에 오해는 불가피한 것이다. 그러므로 실수를 저질렀다면 언제든 용서를 구해야 한다.

❻ 어려운 일을 회피하며 딴청을 부리는 건 게으름 때문이다.

❼ 구분하고 선택하고 판단하며 불가능을 가능하게 만드는 유일한 자, 바로 '인간'이다.

❽ 아름다운 인생을 살고 싶다면 항상 지금에 행복을 느끼고, 타인을 증오하지 말고, 불안한 미래는 신에게 맡겨라.

❾ 스스로 의심하는 끊임없는 내면의 다툼은 우리가 알고자 하는 것을 분명히 해 주는 기쁨을 준다.

❿ 명성은 반드시 필요하다. 그러므로 허상을 좇지 말고 사리를 분별하라.

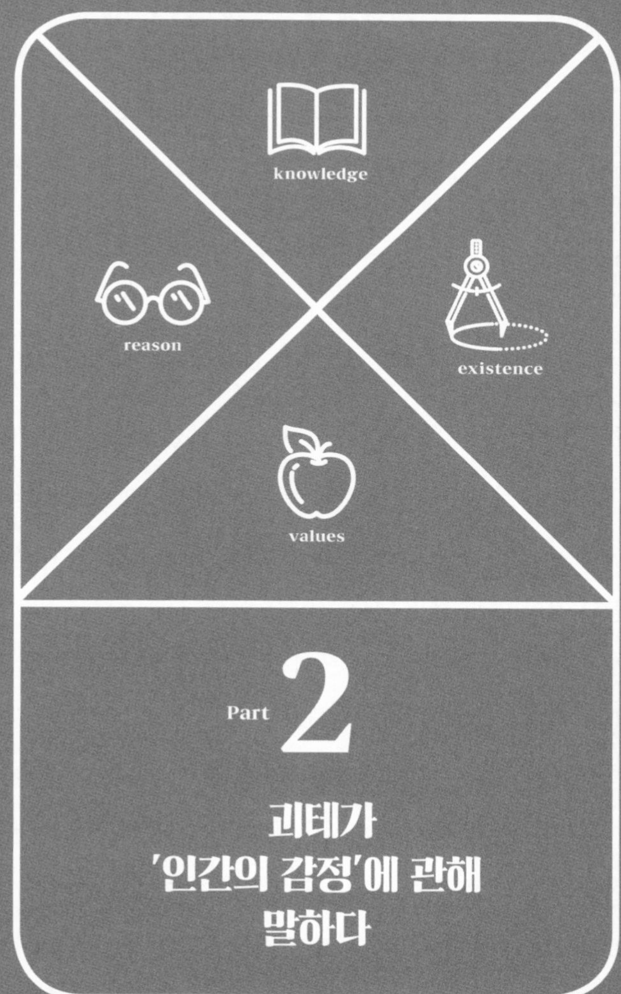

Part 2

괴테가 '인간의 감정'에 관해 말하다

도전을 멈추지 않으며 열정적으로 늘 긍정적이고 희망적인 자세로 자기 성찰을 지속한 대문호 괴테

#『파우스트』 #도전 #열정적인 삶 #긍정적 #희망적 #「유고」 #대문호 #거장 #낙관주의자 #자기 성찰 #부단한 노력

863,027

▶ 괴테는 그의 저작 『파우스트』에서 "인간은 노력하는 한 방황한다."라고 말했다. 우리는 모두 불완전한 인간이기에 시행착오를 거듭할 수밖에 없고 그 과정을 통해 배우고 성장한다. 실수를 그저 실수로 남기며 또다시 실패할까 겁이 나 도전을 멈출 것인지, 아니면 그 실수를 밑거름으로 삼아 다시 도전하며 새로운 목표를 위해 노력할 것인지는 결국 스스로 선택해야 할 문제다. 본업인 작가로서뿐만 아니라 다양한 분야에서 재능을 발휘한 괴테는 만년까지 도전을 멈추지 않으며 누구보다 열정적인 삶을 살았다. 그가 오늘날 이룩한 업적은 단 한 순간도 헛되이 보내지 않았던 치열한 노력의 산물인 것이다. 이뿐만 아니라 괴테는 현실을 날카롭게 인식하면서도 늘 긍정적이고 희망적인 자세로 살아갔다. 타고난 재능에 성실함, 그리고 긍정적인 마음까지 더해지니 그 누가 괴테를 이길 수 있으랴.

또한 괴테는 그의 「유고」에 "불운이나 불행의 원인을 살펴보면, 대개의 경우 자신에게 책임이 있다. 그것을 깨닫고 사람들 앞에서 자신의 과오를 인정할 수 있다면, 그는 인생의 달인이다. 예컨대 '내가 심은 나무뿌리에 걸려 넘어지고 말았다.'고 웃으며 말할 수 있는 노련한 산지기처럼." 이라는 말을 남겼다. 자신의 과오를 인정하고 성찰하는 삶 속에서 인간은 한 뼘 더 성장하고 성숙해질 수 있는 것이다. 독일의 대문호이자 다방면에 재능이 뛰어난, 또한 인격적으로도 훌륭한 괴테라는 거장은 이렇듯 어느 날 갑자기 탄생한 것이 아니다. 삶에 대한 낙관적인 자세와 자기 성찰을 통한 부단한 노력이 오늘날의 그를 만들어 낸 것이다.

▲ 대학에서 법률을 전공한 괴테는 예술가들과 교류하며 문학과 미술에 관심을 가지게 된다. 문학 외에 다른 분야에도 관심이 많았던 괴테는 '색채론'과 '비교 해부학'에 관심을 가지고 연구하기도 한다.

괴테는 누구인가 _ 팔로워 4,582,386 _ ♥ 1,540,386

#라이프치히 대학에서 법률을 전공한 괴테는 문학 외에 다른 분야에도 관심이 많았다. •••

❶

❷

❶ 독일 헤센주 프랑크푸르트암마인에는 규모가 그리 크지 않지만, 빌딩들에 둘러싸여 있어 독특한 분위기를 자랑하는 괴테 공원이 있다. 이 공원의 주변에는 프랑크푸르트 중앙역, 신축한 오페라하우스 등이 있다. 특히 이 공원은 입구에 세워진 괴테 조각상으로 유명하다. ❷ 독일 작센주 라이프치히에 있는 라이프치히 대학 본관이다. 1409년에 개교한 이 대학에서 괴테는 법률을 전공한다.

▲ 독일 헤센주 프랑크푸르트암마인에 있는 괴테 하우스는 1749년 8월 28일 괴테가 태어난 곳이다. 건물은 4층으로 되어 있는데, 3층에 괴테가 태어난 방이 있다. 4층에는 괴테가 『젊은 베르테르의 슬픔』과 『파우스트』 제1부 등 많은 작품을 집필했던 방이 있다.

괴테의 삶의 궤적 _ 팔로워 3,982,485

#문학 신동 #라이프치히 대학 #변호사 #예술가들과의 교류 #바이마르 #공직 수행 #이탈리아 여행 #고전주의 예술관

#삶에 대한 낙관적인 자세와 자기 성찰을 통한 부단한 노력으로 훌륭한 인품까지 갖추었던 괴테! •••

check

□

017

찬란함은 순간, 참됨은 영원

Glänzen ist vorübergehend, Wahrheit ist ewig

#찬란함 #순간 #참됨 #지속

▶ 우리 마음속 깊은 곳에서 솟아난 것, 때로는 성공하기도 하고 실패하기도 하면서 떨리는 입술로 수줍게 말하려 했던 것은 맹렬한 순간의 힘에 삼켜 버리기도 하지만, 종종 여러 해를 애쓰며 보내고 나면 완성된 모습으로 나타나기도 합니다. 눈부시게 찬란함은 순간을 위한 것이지만 참된 것은 후세에도 사라지지 않고 남는 법입니다.

Was glänzt ist für den Augenblick geboren, Das Aechte bleibt der Nachwelt unverloren.

● 『파우스트』

check

□

018

어둠 속에서도 잃지 않는 것

Was man selbst im Dunkeln nicht verliert

#인간 #유혹 #어두운 충동 #선함

▶ 원하는 대로 해라. 그의 영혼을 근원에서 꺼내어, 너의 방식대로 그를 유혹해 보아라. 그러나 너는 그 과정에서 반드시 깨닫게 될 것이다. 가장 어두운 충동 속에서도 인간은 선함을 잃지 않는다는 것을 말이다.

Ein guter Mensch, in seinem dunkeln Drange, Ist sich des rechten Weges wohl bewußt.

● 『파우스트』

check

□

019

목표를 향한 방황

Irrungen Richtung Ziel

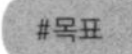

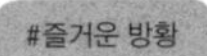

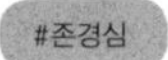

#나이

▶ 자신이 정한 목표를 향해 즐거이 방황하는 것도 당신의 임무지요. 그렇다고 존경심이 줄어드는 것은 아닙니다. 말하자면, 나이가 우리를 아이로 만들어 주는 것이 아니라 우리가 여전히 아이처럼 지내는 것뿐입니다.

Nach einem selbgesteckten Ziel Mit holdem Irren hinzuschweifen, Das, alte Herrn, ist eure Pflicht.

●『파우스트』

흔히 청소년기를 가리켜 '질풍노도의 시기'라 부르며, 어느 곳에도 속하지 못하고 방황하는 청소년들을 '주변인'이라 부른다. 그러나 이는 비단 청소년기에 한정되는 말은 아닐 것이다. 방황하는 한 인간은 언제나 질풍노도 속의 주변인이기 때문이다.

"모든 인간은 노력하는 한 방황한다."라고 했던 괴테의 말이 떠오른다. 아무것도 시도하지 않고 도전하지 않으면 애써 방황할 필요도 없다. 이는 살아가는 데 있어 노력의 중요성과 더불어 방황할 수밖에 없는 인간의 숙명에 대한 괴테의 촌철살인이리라. 여기에는 인간에 대한 사랑도 담겨 있다. 노력하는 모습 그 자체로 소중하기에 아름답다고, 그러니 인간은 언제든 방황해도 괜찮다는 괴테의 격려와 사랑이 담겨 있는 것이다. 인생에 확고한 목표가 있다면 휘청거리는 발걸음도 결코 헛된 방황이 아니다. 때로는 지쳐 흔들리고, 그러다 잠시 쉬어 가더라도 내 꿈이 그곳에 있다는 것을 한순간도 잊지 않고 그 길로 향하는 한, 가는 걸음걸음마다 소중하고 아름다울 것이다.

#우리가 정한 목표를 향해 즐겁게 방황하는 것도 우리의 임무라고 할 수 있다. …

check

☐

020

마음속에 울리는 것

Was im Inneren erklingt

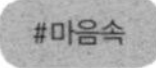

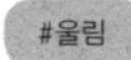

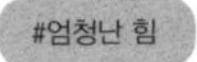

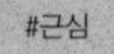

▶ 귀로는 듣지 않으려 해도 마음속으로 울릴 거예요. 저는 엄청난 힘이 있어서 온갖 형상으로 바꿀 수 있답니다. 땅에서나 바다에서나 무서운 길동무지요. 어디에나 있지만 찾지 않아도 언제나 나타나 아첨도 받고 저주도 받는답니다. 당신은 근심을 모르셨나요?

Würde mich kein Ohr vernehmen, Müßt' es doch im Herzen dröhnen.

● 『파우스트』

check
□
021

걱정은 고통을 낳는다

Sorge macht Schmerz

save

#걱정 #불안 #고통 #두려움

▶ 걱정이 마음속 깊이 둥지를 틀고 불안이 기쁨과 평온을 뒤흔들어 알아채지 못하는 사이에 고통이 생겨난다. 고통은 늘 다른 모습으로 나타나는데, 아내와 아이, 들판과 집, 또는 물, 불, 칼날, 그리고 독약이 되기도 한다. 우리는 별것도 아닌 일에 두려움을 느끼며 벌벌 떨고, 잃을 것을 두려워해 울어 대는 것이다.

Die Sorge nistet gleich im tiefen Herzen.

●『파우스트』

check
□
022

삶을 갉아 먹는 이름

Der Name, der am Leben nagt

#영원한 어둠 #걱정 #굶주림 #미룸

save

▶ 누구든 내게 붙잡히면 온 세상이 소용없지요. 영원한 어둠이 눈앞에 내려앉고 해는 뜨지도 지지도 않지요. 외부의 감각은 온전하지만 지독한 어둠 속에서 살아가지요. 소유한 보물이 얼마나 있는지 알 수도 없어지지요. 행복도 불행도 걱정이 되어 풍요 속에서도 굶주리게 되지요. 기쁨이건 슬픔이건 내일로 미뤄 놓고 미래를 기다리고 있을 뿐 아무것도 이룰 수 없지요.

Sonne geht nicht auf noch unter, Bei vollkommnen äußern Sinnen.

● 『파우스트』

우리는 과거에 대한 후회와 막연한 미래에 대한 두려움으로 현재를 살아간다. 우리에게 있어 어쩌면 현재는 과거에 대한 미련과 미래에 대한 막막함의 희생양일지도 모른다. 오늘은 분명 어제의 미래였고, 내일의 과거가 되리라는 것을 알면서도.

"지금 이 순간을, 현재를 즐기라(Carpe diem, Seize the day)."라는 현재의 중요성을 강조하는 격언은 영화에서, 책에서, 드라마 곳곳에서 등장한다. 그만큼 자유로운 열정과 정신이 우리에게 꼭 필요하다는 방증일 것이다. 근심이 많다는 것은 예민함을 의미하기에 창작을 하는 예술가에게는 떼려야 뗄 수 없는 것일지도 모른다. 그러나 지나친 근심은 긍정적인 생각을 갉아 먹고 좋은 에너지를 앗아 간다. 건전한 정신에서 건강한 창작물이 탄생되지 않겠는가. 너무 많은 근심이 우리를 잠식하지 않도록 몸과 마음의 근육을 단련해야 한다. 생각이든 물질이든 비워 내야 비로소 새로운 것으로 채워 넣을 수 있다는 것을 잊지 말자. 행복할 때 온전히 그 행복을 누리는 것, 걱정 마를 날 없는 현대인들에게 쉽지 않은 일이겠지만 곰곰이 생각해 보면 마냥 어렵지만은 않은 일이다. 오늘부터 걱정 한 숟가락 덜어 내는 연습, 시작해 보자.

check

□

023

두려움과 걱정이 불러오는 것

save

Was Angst und Sorge bringt

#두려움 #세상일 #걱정 #불면

▶ 우리 인생이 매 시간마다 목이 쉬도록 불러 줄 노래. 매일 아침 두려움에 잠에서 깨어 쓴 눈물을 흘리는 것은 하루가 지나도록 단 하나의 소망도 이루지 못했기 때문이며 즐거움에 대한 예감조차 애써 누르게 되는구나. 내 창조적인 작업도 오만가지 세상일로 방해받는다. 날이 저물어도 자리에 누워 걱정하니 안식을 얻지 못하고 사나운 꿈에 잠을 설치지.

Auch muß ich, wenn die Nacht sich niedersenkt, Mich ängstlich auf das Lager strecken, Auch da wird keine Rast geschenkt, Mich werden wilde Träume schrecken.

● 『파우스트』

check

□

024

부유함 속의 결핍

Mangel im Reichtum

save

#부유 #결핍 #가혹함

▶ 현명한 뜻으로 백성들이 살 너른 땅을 마련해 준 인간 정신의 걸작을 한눈에 내려다보고 싶단 말이다. 부유한 가운데 결핍을 느끼는 것이야말로 가장 가혹한 것이다. 저 종소리와 보리수 향기가 교회 경내에 있는 무덤처럼 나를 옥죈다. 내 강력한 의지도 저 모래 언덕에 부딪혀 산산조각 난다. 어찌 저것을 내 마음속에서 몰아낼 수 있을까!

So sind am härtsten wir gequält, Im Reichtum fühlend, was uns fehlt.

● 『파우스트』

check

□

025

감옥 같은 세상 속 행복은

Glück in der Welt, die einem Gefängnis gleicht

#속박 #자유로움 #감옥

▶ 이런 사람들은 어떤 큰 속박이 자신에게 주어지더라도 마음속으로는 늘 '자유의 달콤한 감정'을 즐겁게 품고 있을 걸세. 이것은 스스로가 원한다면 감옥 같은 이 세상에서 벗어나 늘 자유로워질 수 있다는 그런 자유의 감정을 말하네.

Und dann, so eingeschränkt er ist, hält er doch immer im Herzen das süße Gefühl der Freiheit, und daß er diesen Kerker verlassen kann, wann er will.

● 『젊은 베르테르의 슬픔』

행불행을 가르는 것은 의외로 단순하다. 바로 '마음먹기'에 달려 있기 때문이다. 우리가 실천하지 못하는 것 중에 답을 몰라서 하지 못하는 경우는 드물다. 그 답을 너무도 잘 알고 있지만 실행하기가 쉽지 않은 것이다. 이미 약혼자가 있는 로테를 단념할 수 없었던, 오히려 그녀를 향한 마음이 점점 깊어만 갔던 베르테르는 하루하루 감옥 같고 지옥 같은 생활을 이어 간다. 친구 빌헬름에게 그런 자신의 마음을 토로하는 편지를 쓰며, 그럼에도 괜찮다고 스스로 다독이며 힘을 낼 뿐이다. 한때 열렬한 사랑을 해 본 독자들이라면 이성의 힘으로 주체할 수 없는 사랑의 감정을 억누르며 버티고 있는 베르테르의 마음에 충분히 공감할 것이다. 세상을 감옥으로, 또 지옥으로 만들 수 있는 것은 마음이며 그것에서 벗어나게 할 수 있는 것도 마음이다. 어떠한 선택을 하느냐, 또 그에 따른 책임 역시 각자의 몫이리라. 다만 모든 사람들이 조금이라도 덜 아픈 선택을 하기를 바랄 뿐이다.

#행복은 마음먹기에 달려 있다. 그러므로 원한다면 누구나 감옥 같은 이 세상에서 벗어나 언제든 자유로워질 수 있다.

check

□

026

혼란을 잊게 만드는 일상

Der Alltag, der das Chaos vergessen lässt

#혼란 #일상 #견딤 #자족

▶ 소중한 친구여, 솔직히 자네에게나 하는 말이지만 마음이 걷잡을 수 없는 혼란 속에 빠져들 때가 종종 있지 않나. 그렇게 혼란스러운 지경에 놓일 때, 자신들의 소소한 삶의 테두리 안에서 늘 만족하며 행복해하며 일상을 견뎌 나가는 사람들을 대하고 나면 내 마음의 혼란이 금방 가라앉는 걸 느낀다네. 그들은 나뭇잎이 떨어지는 것을 보면 겨울이 다가왔다고 생각하면서 스스로 만족을 느끼며 살아가는 사람들이지.

Von einem Tage zum andern sich durchhilft, die Blätter abfallen sieht und nichts dabei denkt, als daß der Winter kommt.

● 『젊은 베르테르의 슬픔』

우리가 불행하다고 느끼는 건 만족하지 못하고 채워지지 못하는 욕구가 있기 때문이다. 작은 것에도 만족하며 불행 속에서도 다행을 찾을 줄 아는 사람에겐 매 순간이 즐겁고 감사할 것이다. 모두가 잠이 든 깊은 밤, 이른 새벽에 하루를 시작하는 사람, 24시간이 모자랄 만큼 치열하게 살아가는 사람들을 보면 때론 숙연해진다. 삶이라는 전쟁터에서 오늘도 잘 버텨 냈기에 자리에 누웠을 때 뒤척일 새 없이 곤히 잠드는 사람은 분명 행복한 사람일 것이다. 하루를 열심히 살아 냈으니 아무런 걱정도 후회도 하지 말라며, 우리의 고단한 몸이 깊은 잠을 허락해 주는 것이리라. 오늘도, 내일도, 그리고 모레도 별다를 것 없는 일상 속에서도 소소한 즐거움을 느끼며 만족할 수 있는 사람들이 많아졌으면 하는 바람이다.

check

□

027

게으름 같은 우울함

Melancholie, die Faulheit gleicht

save

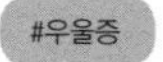

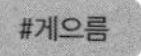

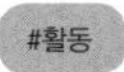

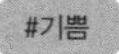

▶ 제가 말하고 싶었던 것도 바로 그것입니다. 우울증은 마치 게으름과도 같습니다. 그것은 일종의 태만이기 때문입니다. 우리의 마음은 대개 그렇지요. 하지만 우리가 일단 우리 자신을 극복하고 우리 자신을 일으킬 힘을 가진다면, 일은 시원스럽게 잘 진행될 것입니다. 누구나 무언가 활동을 하면 진정한 기쁨을 누릴 수 있답니다.

Uns zu ermannen, geht uns die Arbeit frisch von der Hand, und wir finden in der Tätigkeit ein wahres Vergnügen.

● 『젊은 베르테르의 슬픔』

제대로 된 식사와 규칙적인 운동, 그리고 산책. 이 세 가지만 꾸준히

한다면 흔히 마음의 감기라 불리는 우울증을 예방하고 극복할 수 있다고 한다. 육체노동과 더불어 정신노동에 시달리는 사람들이라면 누구나 갖고 있는 감정이 바로 우울함일 것이다. 물론 순간적인 우울함과 우울증은 다르다. 우울함이 지속되면 우울증으로 발전되어 일상생활이 불가능할 정도로 타격을 받게 된다. 그때가 되면 혼자서는 극복할 수 없기에 주변 사람들의 도움과 전문의와의 상담과 치료가 필요하다.

우울증을 게으름, 태만의 다른 이름이라고 말했던 괴테(베르테르)의 생각에 어느 정도 동조한다. 그러나 누구도 쉽게 단정할 수 없는 것이 사람의 마음이다. 다만 한 가지 확신할 수 있는 건 필자의 경험상, 몸에 에너지를 공급해 주는 양질의 음식을 먹고, 상쾌한 바람을 느끼면서 따스한 햇볕을 쬐며 가벼운 운동과 산책을 병행하면 기분이 훨씬 나아진다는 것이다. 늘 많은 생각에 치여 살고 있다면 잠시 생각을 멈추고 움직이며 온몸으로 많은 것들을 느껴 보자. 잠시나마 평온해질 것이다.

check

☐

028

두려움을 이기는 이타심

Sinn für Altruismus besiegt Furcht

#두려움 #용기 #대기의 향 #로테

save

▶ "저도 사실 겁을 먹기는 마찬가지였어요. 하지만 다른 사람들에게 용기를 주려고 대담한 척을 하다 보니, 그냥 용기가 저절로 생기더라고요." 우리는 창가로 다가갔네. 멀리서 천둥소리가 들려왔고, 시원한 비가 주룩주룩 내리고 있었네. 신선한 대기의 향기로운 기운이 우리에게로 훅 밀려왔다네. 로테는 팔꿈치를 세운 채 창에 기대어 창밖의 경치를 바라보았지.

Und indem ich mich herzhaft stellte, um den andern Mut zu geben, bin ich mutig geworden.

● 『젊은 베르테르의 슬픔』

check

□

029

다채로운 감정들 속

In bunten Gefühlen

save

#인간 #감정 #행동 방식 #차이

▶ 세상에는 '이것 아니면 저것' 하는 식으로 선택해야 할 일은 극히 드물다는 말일세. 매부리코와 납작코 사이에 수많은 코가 존재하듯이, 사람의 감정이나 행동 방식에는 수많은 차이가 존재하는 법이네.

Die Empfindungen und Handlungsweisen schattieren sich so mannigfaltig, als Abfälle zwischen einer Habichts und Stumpfnase sind.

● 『젊은 베르테르의 슬픔』

check

□

030

진부해진다는 것

Die Trivialisierung

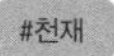

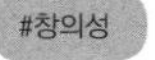

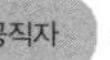

#고루함

▶ 아, 친구여! 천재의 창조적인 물줄기가 솟아올라 거센 물결을 일으키며 사람들의 영혼을 흔들어 깨우는 일이 이리도 드문 것인가? 친구여, 그 물길의 밀물 기슭에는 아주 고루한 공직자들이 산다네. 그들은 자신의 정자와 튤립 꽃밭과 채소밭이 물살에 휩쓸려 망가질 것을 두려워한다네. 그들은 둑을 쌓고 수로 공사도 해서 앞으로 닥칠 위험에 철저히 대비하는 데 이미 완벽하게 익숙해진 사람들이라네.

Warum der Strom des Genies so selten ausbricht, so selten in hohen Fluten hereinbraust und eure staunende Seele erschüttert?

● 『젊은 베르테르의 슬픔』

창조의 원천은 무엇일까 곰곰이 생각해 본다. 창조(創造)란 말 그대로 새롭게 만들어 내는 것이다. 무언가를 새롭게 만들어 내려면 도전과 모험 정신이 필요하다. 그러므로 현재에 안주하는 모든 것에 안일한 태도로는 결코 창조해 낼 수 없는 것이다. 결과가 두려워 도전하지 않는

삶은 안전하겠지만 발전할 수 없다. 가진 것을 지키기 위해 벽과 울타리 쌓기에만 급급한 사람들은 삶의 새로운 원동력이자 더 나아가 다른 이들에게 긍정적인 영향을 줄 수 있는 창조의 기쁨을 누릴 수 없다. 그저 안전하고 평탄한 길만 찾으며 진부한 인생을 살 것인가, 때로는 긴장되고 두려워도 구불구불한 길을 걸으며 새로움을 찾고 또 만들어 갈 것인가. 삶에 있어 모두에게 꼭 맞는 정답은 없으니 결국 선택은 스스로가 하는 것이다. 어떠한 삶이 옳다고 단언할 수는 없겠지만, 좀 더 재미있고 설레는 인생을 추구하는 사람들이 많아지기를 소망한다.

check

☐

031

소박하고도 큰 행복

Schlichtes aber großes Glück

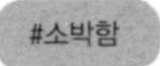

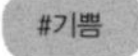

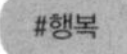

▶ 자기가 직접 가꾼 채소를 식탁에 올리고 그것을 맛볼 수 있는 소박하고도 순진한 기쁨……. 이런 감정을 함께 느낄 수 있다는 것은 흐뭇한 일이지 않겠는가! 채소를 심고 가꾸는 아침, 채소에 물을 주어 나날이 커 가는 모습을 보고 기뻐하는 저녁……. 이 모든 것을 다시 맛볼 수 있는 사람은 정말 얼마나 행복한 사람이란 말인가!

Und da er an dem fortschreitenden Wachstum seine Freude hatte, alle in einem Augenblicke wieder mitgenießt.

● 『젊은 베르테르의 슬픔』

행복의 기준과 정의는 사람마다 다를 것이다. 베르테르의 말처럼, 자신이 직접 가꾼 채소가 나날이 자라는 모습을 지켜보고 그것을 식탁에 올려 여러 번 맛볼 수 있는 것 또한 사소하지만 근사한 행복이다. 행복은 우리가 생각하고 기대하는 만큼 거대한 것이 아니다. 눈을 들어 주위를 살펴보자. 행복은 발견하는 자의 몫이다. 행복이 찾아올 때를 기다리지 말고 스스로 찾아 나설 수 있는 사람이 된다면, 하루에도 수십 번의 작은 행복을 누릴 수 있으리라. 작은 것에도 만족할 줄 알고 감사해하며 사소한 즐거움을 자주 느끼는 것, 최후에 웃는 것이 아니라 자주 웃는 것, 이것이 바로 내가 생각하는 진정한 행복이다. 세상 모든 일은 마음먹기에 달려 있다는 불변의 진리를 다시 한번 되새기며, 오늘도 손에 잡히지 않는 멀고 큰 행복만 고집하는 그대들이여, 행복이란 멀리 있지 않음을, 그 몸집이 그리 크지도 않음을 너무 늦지 않게 깨닫기를 바란다.

#사소하고 소박한 즐거움을 자주 느끼는 것이야말로 가장 큰 행복이다. …

check

☐

032

행복과 불행

Glück und Unglück

save

#행복 #불행 #운명 #자연

▶ 인간에게 행복을 가져다주는 근원이 동시에 인간에게 불행을 가져다주는 근원이 될 수 있을까? 그렇다면 이러한 사실을 운명으로 받아들여야 하는가? 자연을 받아들이는 내 가슴이 뜨거운 감정으로 가득 차 있네. 한동안 그것들은 나를 감싸며 무한한 기쁨을 가져왔고, 내 주변의 세계를 천국으로 만들어 주었네. 하지만 지금은 오히려 나를 박해하고 나를 졸졸 쫓아다니며 괴롭히는 귀신이 되어 버렸지.

Mußte denn das so sein, daß das, was des Menschen Glückseligkeit macht, wieder die Quelle seines Elendes würde?

● 『젊은 베르테르의 슬픔』

베르테르가 말한 "인간에게 행복을 가져다주는 근원이 동시에 인간에게 불행을 가져다주는 근원이 될 수 있는 것"에는 무엇이 있을까. 아마도 '사랑'이 아닐까 싶다. 우리는 사랑 때문에 울고 웃는다. 사랑 때문에 살고 싶고 또 죽고 싶기도 하다. 하루에도 천국과 지옥을 수없이 오고가는 것은 사랑 때문이다. 뜻대로 이루어질 땐 세상 무엇과도 바꿀 수 없는 달콤한 행복이지만, 그 반대일 경우에는 온 세상이 무너지는 듯한 고통을 주는 것이 바로 사랑인 것이다. 살면서 끝없이 반복되며 이어지는, 결코 벗어날 수 없는 인간의 숙명과도 같은 것. 벗어날 수 없는 것이라면 너무 아프지 않게 겪어야 하지 않겠는가. 우리가 보다 성장한다는 것은 아픔을 좀 더 현명하게 겪을 수 있다는 의미일 것이다. 하루하루, 오늘보다 조금 더 성장한 내가 되어 아픔 또한 성숙하게 겪다가 보내 주고 싶다.

#사랑은 인간에게 행복을 가져다주기도 하고, 불행을 가져다주기도 한다. ...

check

☐

033

더 나을 것도, 부족할 것도 없다

Es gibt nichts Besseres und nichts Unzureichendes

#나그네 #우월함 #타인

▶ 나는 지상을 헤매고 다니는 나그네에 불과하네. 그렇다면 자네들이 나보다 나을 건 뭐란 말인가? 자네들이 내 이상의 존재라도 된단 말인가? 내가 어디로 가려고 하느냐고? 자네에게는 말하겠네. 앞으로 이 주일쯤 이곳에 남아 있어야 할 것 같네.

Ja wohl bin ich nur ein Wandrer, ein Waller auf der Erde! Seid ihr denn mehr?

● 『젊은 베르테르의 슬픔』

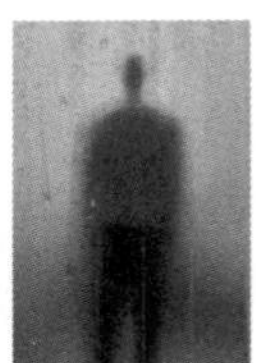

check

□

034

행복 총합

Summe des Glücks

save

#경제관념 #불분명 #평온함 #행복 총합

▶ 경제관념이 없는 이는 자신의 수입과 지출이 불분명한 상태에 있어야 평온함을 느끼고, 자신의 빚의 총합을 알고 싶어 하지 않아. 반면, 경제관념이 뛰어난 사람에게는 매일 불어나는 행복 총합을 매번 지켜보는 것보다 기쁜 일은 없지. 또 갑작스레 닥친 불행에 크게 흔들리지도 않아.

Ein Mensch, der übel haushält, befindet sich in der Dunkelheit sehr wohl er mag die Posten nicht gerne zusammenrechnen, die er schuldig ist.

● 『빌헬름 마이스터의 수업시대』

check

□

035

'불쾌한 감정'에서 벗어나려면

Wenn man aus „unangenehmen Gefühlen" herauskommen will

#우울증 #건강 #절제 #약

▶ 지금 문제 삼고 있는 것은 불쾌한 감정인 우울증에 대한 것입니다. 누구라도 그런 감정으로부터 벗어나려 하지요. 하지만 시도해 보기 전에는 자신이 어느 정도 해낼 수 있을지 잘 모릅니다. 누구나 병을 앓으면 의사들을 찾아다니고, 자신의 병에 대해 묻기 마련입니다. 또 건강해지기 위해서라면 아무리 괴로운 절제라도 잘 견뎌 낼 것이며, 아무리 쓰디쓴 약이라도 거부하지 않을 겁니다.

Die bittersten Arzeneien wird er nicht abweisen, um seine gewünschte Gesundheit zu erhalten.

● 『젊은 베르테르의 슬픔』

수많은 심리 상담과 연구 결과에 따르면, 우리가 불쾌한 감정에서 벗어날 수 있는 시간은 불과 90초면 된다고 한다. 부정적 감정으로 뇌에서 분비되는 화학 물질의 수명이 그 정도이기 때문이다. 짧다면 짧은 그 시간 동안 최대한 집중해 마음을 다스리는 것이다. 화가 날 때도 심호흡을 몇 번 하면 마음을 훨씬 진정시킬 수 있다고 하니 한 번 도전해 봐도 좋을 듯싶다. 우울함에 빠져 온종일, 혹은 몇 날 며칠을 무기력하게 보내고, 순간적인 감정을 누르지 못해 후회한 경험이 얼마나 많았던가. 기분이 결코 태도가 되어서는 안 된다는 어느 작가의 말처럼, 우리는 자신의 기분을 충분히 다스린 뒤 표출하는 성숙한 사람이 되어야 할 의무가 있다.

마음을 바꾸는 건 생각만큼 어렵지 않을지도 모른다. 나 자신에게 온전히 몰입하는 90초의 시간과 심호흡을 기억하자. 작은 실천과 노력이 좋은 습관으로 자리 잡게 된다면 우리는 날마다 조금씩 성장할 것이다.

check

☐

036

'자기 불만'이 만들어 내는 것

Was „Selbstunzufriedenheit“ schafft

#우울증 #자기 불만 #질투 #불쾌감

save

▶ 저는 심술궂은 우울증은 자신의 열등함에 대한 자기 불만의 표현이라고 생각합니다. 그리고 그것은 어리석은 허영심에 의해 비롯된 질투심과 연결되어 있어요. 우리는 어떤 행복한 사람을 만나면 스스로 자신과 먼 사람들이라고 여기고는 불쾌감을 드러내기도 하지요.

Wir sehen glückliche Menschen, die wir nicht glücklich machen, und das ist unerträglich.

● 『젊은 베르테르의 슬픔』

남과 비교하는 삶은 필연적으로 불행할 수밖에 없다. 다른 사람의 기

준과 평가로 내 행복과 불행이 정해진다면, 이 세상에 온전히 행복할 수 있는 사람이 어디 있겠는가. 어디까지나 다른 사람의 생각은 우리가 살아가는 데 있어 참고 사항 정도로 여겨야 하는 것이다. 사람들은 우리가 생각하는 것보다 우리에게 관심이 없다. 어쩌면 우리는 타인의 시선을 너무 의식한 나머지 지나친 착각 속에서 살고 있는지도 모른다. 내 인생을 이끌고 만들어 가는 주체는 누구도 아닌 바로 나 자신이다. 끝없이 남과 비교하며 내가 갖지 못한 것을 부러워하고 남의 행복을 시기하는 열등감에 사로잡힌 삶은 얼마나 안타깝고 불행한가. 거창한 것이 아니어도 좋다. 좋아하는 일들을, 나를 웃게 해 주는 일들을 떠올려 보자. 생각만으로도 유쾌해질 수 있다. 기분이 좋아졌다면 이제 하나씩 실행해 보자. 멀게만 느껴졌던 행복에 조금 더 가까워져 있을 것이다.

#다른 사람과 비교하는 태도를 버리고 자신의 인생을 주체적으로 이끌고 만들어 가야 한다. ...

check

□

037

'신뢰'라는 귀한 자산

Der wertvolle Besitz des „Vertrauens"

save

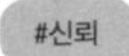

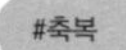

#신뢰 #축복 #귀중한 것

▶ 변함없는 신뢰는 우리의 오늘을 얼마나 축복되게 합니까! 신뢰야말로 덧없는 삶에 천국의 확실함을 보증하는 것이며, 우리가 가진 풍요 속 가장 귀중한 것 아니겠습니까.

In welchen seligen Zustand versetzt uns die Treue!

● 『빌헬름 마이스터의 수업시대』

check

□

038

'불안'은 어디서 오는가

Woher kommt „Unruhe"

save

#불안 #불일치 #소망 #욕망

▶ 사람들은 무엇에서 불안을 느끼는 것일까? 자신이 가진 신념을 사물의 본질과 일치시킬 수 없기 때문이고, 부귀영화가 품에서 슬쩍 빠져 달아나 버리기 때문이지. 또 간절히 소망하던 것이 너무 늦게 이루어지기 때문이며, 모든 걸 성취해도 애초에 인간이 기대했던 만큼 욕망을 채워 주지 못하기 때문이야.

Was beunruhiget die Menschen.

● 『빌헬름 마이스터의 수업시대』

check

□

039

사람의 본성

Charakter des Menschen

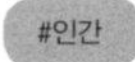

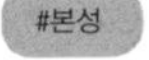

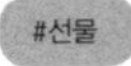

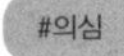

▶ 사람은 친구나 후원자에게 감사히 선물을 받으면서도 그 선물이 돈일 때는 유독 이상한 우려를 표하곤 하지요. 사람의 본성은 의심하고 주저하는 마음을 만들어 내고 그것을 섬세하게 극대화시키는 데 공통점이 많은 것 같군요.

Die menschliche Natur hat mehr ähnliche Eigenheiten, solche Skrupel gern zu erzeugen und sorgfältig zu nähren.

● 『빌헬름 마이스터의 수업시대』

check

☐

040

죄책감, 그 무거움

Schuldgefühl, diese Schwere

save

#아침 햇살 #중죄 #부서짐 #위로

▶ 그의 눈에는 아침 햇살조차 말끔한 지평선을 불길로 집어 삼키는 듯 보였다. 죄 많은 그의 눈에는 이 세상 아름다움 모두 산산이 부서졌다. 노인이 무슨 말을 하든 그는 온갖 논리로 최선을 다해 올바른 방향으로 이끌었고 따스하게 위로했다.

Und über seinem schuld'gen Haupte bricht Das schöne Bild der ganzen Welt zusammen.

● 『빌헬름 마이스터의 수업시대』

check

□

041

모든 힘의 원천

Die Urquelle aller Kraft

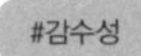
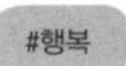

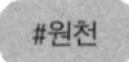

▶ 그는 나의 지성과 재능을 나의 감수성보다 더 높이 평가하네. 나는 내가 가진 감수성을 최고의 자랑으로 삼고 있지 않은가! 감수성만이 모든 힘의 원천, 모든 행복과 불행의 원천이라네. 아아, 내가 알고 있는 것 정도는 누구나 다 알고 있는 것이네. 하지만 내 감수성만큼은 그 누구도 따라올 수 없는 나만의 것이라네.

Das doch mein einziger Stolz ist, das ganz und alles Elendes.

● 『젊은 베르테르의 슬픔』

check

□

042

외로움, 그리고 외톨이

Einsamkeit und Einzelgänger

save

#외로움 #외톨이 #괴로움 #고통

▶ 외로움에 굴복한 인간은 외톨이가 된다. 인간은 살아가고 사랑하면서 괴로움에 절어 버린 사람은 살피지 않는다. 난 고통스럽게 살리라. 시간이 지나 진정 외로이 살 수 있다면 그때의 난 외톨이가 아니리.

Wer sich der Einsamkeit ergibt, Ach! der ist bald allein.

●「외톨이」

check

□

043

술이란

Was Alkohol ist

save

▶ 누구든 술을 마셔야 한다. 청춘일 때는 술을 먹지 않고도 취하고, 노인은 술로 다시 젊음을 찾는다. 이 기적 같은 효능을 가진 술. 근심은 인간의 생을 다독이고, 포도 넝쿨은 근심을 없앤다.

Für Sorgen sorgt das liebe Leben, Und Sorgenbrecher sind die Reben.

● 「누구든 술을」

check

☐

044

바람은 때때로

Wind ist hin und wieder

save

#꿈 #달 #희망 사항 #해

▶ 그날 밤 꿈에 달을 보고 싶다고 바랐다. 잠에서 깨어 밖을 보니 내 바람은 어디로 가고 해가 비췄다.

Ich dachte, ich wünschte, ich würde den Mond in meinem Traum sehen.

●「그날 밤 난」

check

☐

045

내 곁으로 오지 마라

Komm nicht zu mir

#행복 #고민 #걱정 #성장

▶ 다시, 다시, 자꾸만 내 곁으로 오지 마라! 부디 내 마음대로 움직이게 해다오. 제발 내게 행복을 다오! 도망칠까, 붙잡힐까. 이제 더는 고민하지 말아야지. 내게 행복을 주지 않을 생각이라면, 걱정이여, 부디 나를 성장하게 만들어다오!

Kehre nicht in diesem Kreise Neu und immer neu zurück!

●「걱정」

check

□

046

짜증과 불안

Ärger und Unruhe

#불안감 #그리움 #방황 #안식

save

▶ 무엇이 이토록 매시간 불안한가? 인생은 짧은데 하루는 길다. 마음은 덧없는 그리움에 허덕인다. 하늘을 향한 그리움인지 무엇인지 알지 못한다. 갈팡질팡 헤매고 있다. 그저 자신에게서 도망치고 싶어 한다. 마침내 사랑하는 이의 품 안에 들어간다. 그것도 모르고 천국에서 안식을 꿈꾼다. 삶이 거친 풍랑에 휩쓸려도 마음은 언제나 그곳에 있다.

Was wird mir jede Stunde so bang?

●「매시간 무엇이 그리 짜증나는가?」

check □

괴테가 '인간의 감정'에 관해 말을 전하다

❶ 눈부시게 찬란함은 순간을 위한 것이지만 참된 것은 후세에도 사라지지 않고 남는다.

❷ 목표를 향해 즐거이 방황하는 것 역시 인간의 임무이다.

❸ 인간은 가장 어두운 충동 속에서도 결코 선함을 잃지 않는다.

❹ 귀로 듣지 않으려 해도 마음속으로 울리는 것, 두려움과 걱정은 또 다른 고통을 낳으며 삶을 갉아 먹는 불행의 근원이 된다.

❺ 부유한 가운데 결핍을 느끼는 '풍요 속의 빈곤'이야말로 인간에게 가장 가혹한 것이다.

❻ 행복은 마음먹기에 달려 있다. 그러므로 원한다면 누구나 감옥 같은 이 세상에서 벗어나 언제든 자유로워질 수 있다.

❼ 일상 속에서 소소한 행복을 느끼며 작은 일에 감사하며 만족할 줄 아는 사람은 혼란스럽지 않다. 그들은 자신뿐만 아니라 그것을 지켜보는 이들에게도 평온함을 준다.

❽ 처음부터 용감한 사람은 없다. 진정한 이타심은 두려움마저 극복하게 만든다.

⑨ 자기 불만에서 비롯된, 그리고 일종의 게으름과도 같은 우울증을 극복하기 위해서는 몸과 마음을 부지런히 움직여야 한다. 그 과정에서 우리는 스스로를 극복하며 진정한 기쁨을 누릴 수 있다.

⑩ 세상에 존재하는 다양한 인간 군상만큼 사람의 감정이나 행동 방식에도 수많은 차이가 존재한다.

⑪ 예술가에게 있어 창조성과 감수성은 지성과 재능보다 중요할 수 있다. 그러므로 사람들의 영혼을 흔들어 깨울 수 있는 창조성과 감수성은 그들에게 있어 모든 힘과 행복, 불행의 원천이 될 수 있다.

⑫ 소박한 행복을 자주 느끼는 것이야말로 가장 큰 행복이다.

⑬ 신뢰는 우리의 삶을 축복되게 하고 덧없는 삶에 천국의 확실함을 보증하는 것이기에 우리가 가진 풍요 속에서 가장 귀중한 것이다.

⑭ 외로움에 굴복한 인간은 외톨이가 된다. 그러나 외로움을 진정 즐길 수 있는 자는 더 이상 외톨이가 아니다.

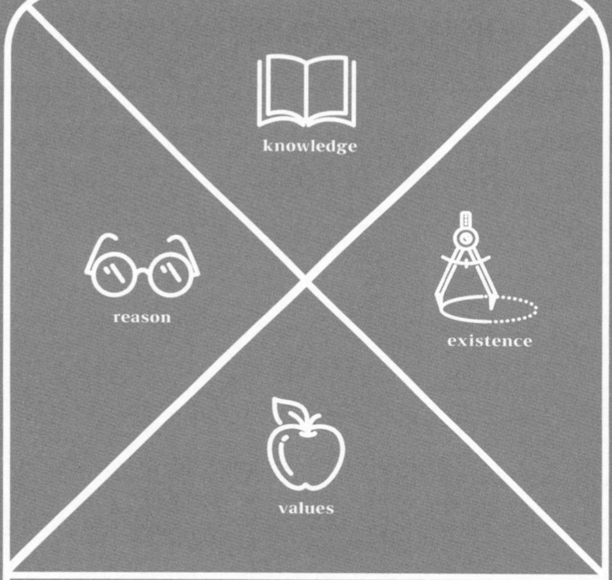

Part 3

괴테가 '고통과 위로, 조언'에 관해 말하다

예술과 철학에서 한 획을 그은 예술 비평가 빙켈만과 철학자 칸트 대문호 괴테의 마음을 움직이다

#배움 #좋아하는 사람 #충고 #롤 모델 #존경심 #참된 지혜 #빙켈만 #칸트 #거장 #위인 #참된 스승 #성장

863,416

▶ 괴테는 "우리가 무언가를 배울 때 자신이 좋아하는 사람한테서만 배울 수 있다."라고 말한 바 있다. 물론 좋아하지 않는 사람과도 어울리며 살아가야 하는 게 인생이지만, 우리는 우리가 사랑하는 대상으로부터 큰 영향을 받을 수밖에 없다는 것이다. 그렇기에 같은 충고라도 대상에 따라 달리 들릴 수밖에 없다. 보통 사람의 충고는 때로는 설교로, 또 잔소리로 들릴 수 있겠지만 진정으로 사랑하는 사람이 건네는 충고는 그 어떤 격언보다 마음에 와 닿는다. 그렇기에 인생에서 자신이 좋아하고 존경하는 누군가를 롤 모델로 삼아 그를 통해 인생의 참된 지혜를 배우는 것이 중요하다.

괴테 역시 독일의 미술 고고학자이자 예술 비평가 빙켈만(Johann Joachim Winckelmann, 1717~1768)과 철학자 칸트(Immanuel Kant, 1724~1804) 등을 존경하며 예술과 철학의 역사에서 한 획을 그은 거장들을 일찍이 롤 모델로 삼았다. 괴테는 그들이 단지 위대한 업적을 이룩한 위인이기에 자신의 스승으로 삼은 것이 아니다. 세상에는 수많은 위인들이 존재하지만 괴테의 마음을 움직인 위인은 그들이었기 때문이다. 스스로 좋아서 하는 일만큼 열정적이고 강력한 에너지를 발휘할 수 있는 건 없다. 그러므로 사랑하고 존경하는 대상이 있다면, 그 대상이 우리에게 미치는 영향력은 실로 위대한 것이다. 불안한 영혼의 안식처가 될 수 있는 인생의 참된 스승을 찾으라. 그의 발자취를 더듬어 배우고 성장하라.

save

▲ 독일의 미술 고고학자 빙켈만은 괴테에게 지적인 자극을 준 사람 중 하나다. 그는 1768년 독일을 여행하던 중 괴한의 칼에 맞아 살해당한다. 이 소식을 들은 괴테는 큰 충격을 받아 건강이 악화되기 시작한다.

빙켈만은 누구인가 _ 팔로워 2,485,287 _

1,240,416

#독일의 예술 비평가이자 미술 고고학자인 빙켈만은 괴테에게 지적인 자극을 준 사람 중 하나다. •••

▲ 독일 작센안할트주 슈텐달에 있는 빙켈만의 조각상이다. 빙켈만은 1717년 12월 9일 슈텐달의 한 가난한 집안에서 태어난다. 『그리스 미술 모방론』, 『고대 미술사』 등 예술과 고대 관련 저서로 명성이 높았으며, 그리스 미술과 미를 발견해 근대 미술사학의 선구자로 꼽힌다.

❶

❷

❶ 독일 작센안할트주 슈텐달에 있는 빙켈만 박물관이다. 1955년 1월 31일에 개관했으며, 빙켈만의 유품과 저서 등이 전시되어 있다. ❷ 1819년 빙켈만을 기리기 위해 청동으로 제작한 메달이다. 앞면에는 빙켈만의 흉상과 이름이, 뒷면에는 라틴어로 그의 생년월일이 조각되어 있다.

빙켈만의 삶의 궤적 – 팔로워 3,982,485

#1717년생 #독일 슈텐달 #고대 그리스 미술 #근대 미술사학 #『그리스 미술 모방론』 #『고대 미술사』 #고전주의 #1768년 사망

#예술과 고대 관련 저서로 유명했으며, 그리스 미술과 미를 발견해 근대 미술사학의 선구자로 꼽히는 빙켈만! •••

check

□

047

굴복하지 않는 용기

Mut, der sich nicht unterkriegen lässt

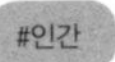

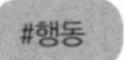

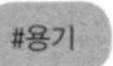

#과감함

▶ 아직 벌레 같은 내가 이것을 누릴 준비가 되어 있을까? 그래, 지상의 따사로운 태양으로부터 등을 돌리자! 다른 이들이 기어나가는 저 문을 감히 박차고 나가자! 이제 행동으로 증명할 때가 왔다. 인간의 용기는 신에 굴복하지 않고, 상상으로 스스로 고통 속으로 몰아넣지 않으며 지옥의 불길이 타오르는 저 죽음의 통로를 향해 과감히 나아가 허무라는 위험이 도사리는 곳으로 기꺼이 발걸음을 내디딜 것임을.

Hier ist es Zeit durch Thaten zu beweisen, Daß Mannes-Würde nicht der Götterhöhe weicht, Vor jener dunkeln Höhle nicht zu beben.

● 『파우스트』

영혼을 담보로 악마와 계약을 맺었던 파우스트는 마침내 자신의 어리석은 선택을 후회한다. 시작은 어리석었지만 절대 악마에게 패배하지 않겠다고 다짐하며 그는 "인간의 용기는 굴복하지 않는다."라고 선언한다. "인간은 파멸할 수 있어도 패배하지는 않는다."라고 말했던 헤밍웨이(Ernest Miller Hemingway, 1899~1961)의 소설 『노인과 바다(The Old Man and the Sea, 1952)』의 한 구절이 떠오른다. 파우스트 박사도, 늙은 어부 산티아고도 인간 정신의 위대함을 믿으며 존엄성을 지키기 위해 주어진 상황에서 고군분투한 것이다. 물론 두 사람 다 객관적으로 봤을 때 분명 패배했다. 그러나 파우스트는 끝까지 악마에게 굴복하지 않았고 신에게 구원받았으며, 산티아고 역시 힘겹게 잡은 청새치를 상어에게 모두 뜯긴 채 앙상한 가시만 들고 돌아왔지만 그날 밤 어느 때보다 단잠에 들 수 있었다. 물질적인 가치는 얻지 못했으나 정신적 가치를 버리지 않았던 두 사람은 파멸했을지언정 결코 패배하지 않은 것이다. 지쳐 쓰러져도 다시 일어나 달릴 용기와 의지가 있다면 결코 실패한 것이 아니다. 나 자신과의 싸움에서 지지 않는 것이야말로 진정한 승리일 테니까.

check

☐

048

아침 햇살을 보라

Sieh das Morgenlicht

save

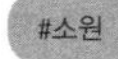

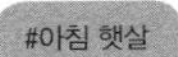

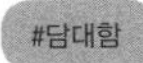

#총명한 자

▶ 그러니 자네는 소원을 이루려거든 저 빛나는 아침 햇살을 바라보아라! 잠시 혼란할 뿐이니 잠이란 껍데기를 깨고 일어나라! 다른 무리가 주저하고 망설일지라도 주저하지 말고 담대하게 걸어가라. 총명한 자는 잽싸게 행동해 무엇이든 이룰 수 있으리.

Wunsch um Wünsche zu erlangen Schaue nach dem Glänze dort!

● 『파우스트』

check

☐

049

허상이 아닌 '현실'을 보라

Betrachte keine Vision, sondern die „Wirklichkeit"

#공상 #바보 #현실 #지상

▶ 위를 바라보며 하늘을 향해 공상하는 자는 바보다! 서서 주위를 잘 둘러보라. 유능한 자에게 세상은 침묵하지 않을지니 어찌 영원의 천상 속에서 헤매는 것인가! 현실에 존재하는 것을 붙잡고 이 지상을 거닐며 하루를 보내라. 유령이 나타나도 제 갈 길을 가면 된다. 그 길에서 기쁨도 고통도 만날 것이나 어느 순간도 만족하지 않으리.

Was er erkennt, läßt sich ergreifen, Er wandle so den Erdentag entlang.

● 『파우스트』

check

□

050

'방황' 속에서 얻는 것

Was man aus der Irre gewinnt

#방황 #현명 #완전함 #자립

▶ 그런 일은 스스로 하는 것이라네. 유령들이 널려 있는 곳에서 철학자가 모습을 드러내지. 그들의 학문으로 세상을 기쁘게 하기 위해서 당장 유령 한 다스쯤은 만들어 낼 것이야. 하지만 자네도 헤매지 않는다면 현명해질 수 없다네. 완전해지고 싶다면 혼자 힘으로 하게!

Wenn du nicht irrst, kommst du nicht zu Verstand.

● 『파우스트』

고난과 시련, 선택의 연속, 그 길에서 늘 고민하고 방황할 수밖에 없는 것이 인간이다. 그것이 인간의 숙명이라면 우리는 그 방황 속에서 현명하게 헤쳐 나가는 법을 배워야 한다. 아무리 훌륭한 스승이라도 직접 경험한 것만큼 값진 교훈은 없으리라. 그 귀한 가치를 온몸으로 체득하기 위해서 우리는 끊임없이 도전하고 노력해야만 한다. 그 과정에서 맞닥뜨리는 실패와 좌절을 거름 삼아 또다시 도전해야 하며, 이러한 시행착오는 사는 동안 끝없이 반복될 것이다. 인생은 이러한 시행착오를 얼마나 줄여 나가느냐의 문제가 아닐까 싶다.

반복된 만큼 익숙해지고 그만큼 개선될 것이기에 모두가 실패를 두려워하지 않았으면 좋겠다. 우리가 정말로 경계해야 하는 건 실패가 두려워 시도조차 하지 못하는 나약함이니까. 실컷 방황하고 또 헤매며 나의 길을 찾아보자. 부단히 노력하고 고민하며 걸어온 그 길을 되돌아볼 때 우리는 분명 어떤 식으로든 성장해 있을 테니까.

#인간은 방황 속에서 현명해질 수 있다. 완전해지고 싶다면 혼자 힘으로 헤쳐 나가야 한다. ...

check

□

051

'신중하게' 말해야 한다

Man soll „vorsichtig" sprechen

#말 #논쟁 #체계 #믿음 #신중함

▶ 그야 그렇고말고! 하지만 너무 염려하지는 말게. 말이 이치에 맞지 않는 것은 실언을 하거나 긴장을 풀 때뿐일 테니. 말로써 논쟁을 벌일 수도 있고 말로써 하나의 체계도 세울 수 있으며 말로써 믿음을 줄 수도 있는 것이니 말할 때는 획 하나도 신중해야 한다네.

Mit Worten läßt sich trefflich streiten, Mit Worten ein System bereiten, An Worte läßt sich trefflich glauben, Von einem Wort läßt sich kein Jota rauben.

● 『파우스트』

"펜은 칼보다 강하다."라는 말처럼 우리가 사용하는 언어는 강력한 힘을 가지고 있다. 칼로 베인 상처는 시간이 지나면 아물지만 언어로 베인 상처는 오래도록 지울 수 없는 상처로 가슴에 남아 때때로 되살아난다. 사람의 한마디가 누군가에게는 비수가 될 수도 있고 또 누군가에게는 살아가는 데 있어 큰 힘이 되어 주기도 한다. 이렇듯 언어의 중요성은 거듭 강조해도 지나치지 않다. 그렇기에 짧은 한마디를 하더라도 우리는 한 번 더 생각하고 신중을 기해야 한다.

공장의 기계처럼 글을 찍어 내듯 써 내려간 시절이 있었다. 기한은 늘 촉박하고 해야 할 작업은 차고 넘쳤기에 의무감과 부담감에 치여 읽고 쓰고 수정하기를 끝없이 되풀이하던, 더 이상 책도 눈에 들어오지 않고 늘 내게 감정의 돌파구가 되어 주었던 글쓰기도 신물이 나던 시절. 그토록 좋아해서 시작했고 여전히 이어 가고 있는 글쓰기가 지겹고 또 지겨웠던 때가 있었다. 마음에 드는 문장은 나오지 않고, 중언부언하는 듯한 내 글이 너무도 못마땅해서 도망치고 싶었던 그때, 얼굴도 모르는 누군가에게 너무 큰 위로를 받았던 기억이 있다. SNS에서 아주 가끔씩 교류하는 정도의 친분을 지닌 그가 어느 날 내 서평을 보고, 나처럼 쓰고 싶다고, 부럽다는 한마디를 남긴 것이다. 글을 쓰는 일이 지긋지긋하고 점점 자신감을 잃어가고 있던 그때, 그가 남긴 한마디는 내게 큰 힘이 되어 주었고 그날 나는 새롭게 결심했다. 더 열심히, 그리고 잘, 즐기면서 읽고 쓰겠노라고. 언젠가 내게 위안이 되어 주었던 그의 한마디처럼, 나도 누군가의 마음을 데워 주고 움직이게 하는 글을 써야겠다고 다짐한 날이었다.

check

□

052

도태와 오만

Selektion und Arroganz

#뒤떨어짐 #오만 #생동감

save

▶ 시대에 뒤떨어져 가치 없는 것을 가지고, 자신을 높여 생각하는 것은 오만한 것이지요. 인간의 생명은 피 속에 살아 있지만, 청년의 몸속 피처럼 생동감이 있습니까? 새로운 생명을 생명에서 만들어 내는 것은 싱싱한 힘으로 가득한 피입니다. 모든 것이 활동하고 행동하며, 약자는 지고 승자는 전진합니다.

Anmaßlich find' ich, daß zur schlechtsten Frist Man etwas sein will, wo man nichts mehr ist.

● 『파우스트』

'청춘(青春)'이란 무엇일까. '푸를 청'에 '봄 춘' 자를 쓰니 글자 그대로

풀이하면 '푸른 봄'이다. 우리에게 푸른 봄은 언제인가. 이는 단순히 물리적인 젊음만을 뜻하는 것은 아닐 것이다.

나이가 들어 신체 능력이 떨어지고 기력이 쇠하면 마음도 자연스럽게 시들 수밖에 없다. 건강한 신체가 뒷받침되지 않으면 정신 또한 버틸 수 없기 때문이다. 흔히 정신력만 있으면 무엇이든 이겨 낼 수 있다고들 하지만, 정신을 담는 그릇인 신체가 건강하지 못하면 정신 또한 온전한 힘을 발휘할 수 없다. 정신력의 문제는 어느 정도 신체가 버텨 줄 때의 이야기인 것이다.

나이가 들어도 건재하려면, 청춘을 맞이하고 싶다면 몸과 마음 어느 하나 소홀히 하지 말고 부단히 가꾸고 노력해야 한다. 아무리 나이를 먹어도 원하는 곳을 무리 없이 활보할 수 있는 건강한 신체와 더불어 겸허한 마음과 꿈을 지닌다면 우리는 언제까지나 청춘일 수 있다. 푸른 봄 역시 늘 낮은 자세로 배우고 꿈꾸며 쉼 없이 노력하는 자만이 누릴 수 있는 특권이리라.

check

☐

053

'진정한 충고'의 필요성

Notwendigkeit des „echten Ratschlags“

save

#오디세우스 #충고 #케이론

▶ 저런 말에 속지 마세요. 오디세우스처럼 스스로 몸을 묶는 대신, 진정한 충고로 마음을 묶으세요. 케이론 선생만 찾는다면 제 말이 사실임을 알 것입니다.

Statt daß Ulyß sich binden ließ, Laß unsern guten Rat dich binden.

● 『파우스트』

check

☐

054

쾌락의 말로

Untergang der Lust

save

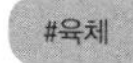 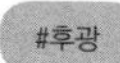

#육체 #후광 #한순간의 행복 #고통

▶ 젊은이가 부모의 발 앞에 떨어진다. 죽은 이의 얼굴에 유명한 사람의 얼굴이 보인다. 하지만 육체는 한순간에 사라지고 후광이 혜성처럼 하늘로 올라간다. 옷과 외투, 칠현금만 땅에 남아 있다. 한순간의 행복 뒤에는 쓰디쓴 고통이 따르는구나.

Der Freude folgt sogleich Grimmige Pein.

● 『파우스트』

check

☐

055

어둠에 자신을 맡긴다면

Wenn man sich der Dunkelheit überlässt

#과거 #나쁜 일 #현재 #어둠

▶ 이제 정다운 말, 망각의 달콤하고 부드러운 말 대신에 너는 과거를 들추어내어 좋은 일보다는 나쁜 일만 찾아내 현재의 찬란한 빛과 은은히 떠오르는 미래의 희망찬 여명까지도 모조리 어둡게 하는구나.

Bösestes mehr denn Gutes Mit dem Glanz der Gegenwart Auch der Zukunft Mild aufschimmerndes Hoffnungslicht.

●『파우스트』

같은 대상을 바라본다고 모두가 같은 결과를 얻는 것은 아니다. 그토록 기다리던 기나긴 연휴가 이틀 남았을 때, 누군가는 고작 이틀밖에 남지 않았다며 이틀 후에 다가올 출근길을 걱정하며 또다시 스트레스

가 시작되고, 다른 누군가는 아직도 이틀이 나 남았으니 마음껏 즐기자며 남은 이틀을 더없이 알차게 보내듯이. 모든 일에 대해 아쉽고 후회되고 불안하다고 생각하면 끝도 없다. 그렇기에 우리는 그 어둠에 잠식되지 않도록 그 우울한 늪에서 한시라도 빨리 빠져나오도록 부단히 노력해야 한다. 매사에 긍정적인 사람들이라고 해서 그들의 천성이 꼭 낙천적인 것만은 아니다. 물론 타고난 성향도 어느 정도 영향을 미치겠지만 그들은 어둠에 빠지지 않는 방법을 누구보다 잘 아는, 빛의 세계로 향하기 위해 끊임없이 노력하는 사람들이다. 그 무엇도 노력 없이는 결코 이뤄지지 않는다. 매 순간, 언제나 꿈을 꾸는 사람은 점점 그 꿈을 닮아 가고, 희망을 노래하는 자는 언젠가 그 희망에 가닿으리라. 꿈꾸고 희망하자. 어둠과 닮아 가지 않도록, 그 힘에 잠식되지 않도록. 우리에겐 충분히 그럴 만한 능력이 있다.

#부정적인 생각에 잠기며 과거에 얽매인다면, 현재와 미래의 희망마저 모두 부정적인 요소에 잠기게 된다. ...

check

□

056

내려놓아야 지킬 수 있다

Nur durch Hinlegen kann es aufrechterhalten werden

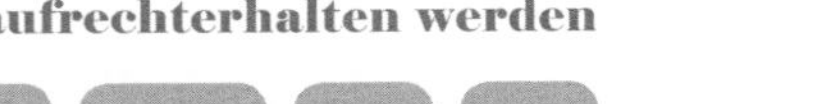

#소유 #내려놓음 #재산 #지킴

▶ 소유를 내려놓아야 길이 보이는 법. 막대한 재산은 재빨리 줄어들어 삶의 흐름 속에 사라져 버리지. 얻는 것도 좋지만 지키고 있는 것이 제일이지. 이 늙은이에게 맡겨만 준다면 아무것도 잃지 않을 것이다.

Bald ist ein großes Gut zerronnen, Es rauscht im Lebensstrom hinab.

● 『파우스트』

많은 것을 소유할수록 우리는 그것을 온전히 지켜 내기 위해 애써야 한다. 소유한 물건의 소유주인 우리가 오히려 그것들에 끌려 다니는 셈

이니, 가진 것만큼 무겁게 살아갈 수밖에 없다. 반면에 가진 것이 적은 자들은 마음 또한 가볍다. 그들은 가진 것을 잃을까 봐 전전긍긍하며 불안해하지 않는다. 소유물에 결코 휘둘리지 않기에 자유롭게 살아갈 수 있는 것이다.

출간된 지 꽤 오랜 시간이 지난 지금도 서점가에서 스테디셀러로 자리 잡고 있는 법정 스님(法頂, 1932~2010)의 수필집 『무소유(無所有)』(1976)는 내려놓는 마음을 지향한다. 또한 최근에 '미니멀리즘(minimalism)', '미니멀 라이프(minimal life)'를 강조하는 풍조 역시 이와 같은 맥락이다. 물건이든 정신이든 비워야 또 채울 수 있다. 비우고 내려놓는 삶 속에서 충만한 기쁨을 누리는 자, 진정한 자유인이리라.

#소유한 것을 내려놓아야 길이 보이고 자유롭게 삶을 꾸려 나갈 수 있다. •••

check

☐

057

삶의 고통을 줄이는 방법

Ein Weg, die Schmerzen im Leben zu reduzieren

save

#인간 #상상력 #불행 #인정

▶ 인간이 어떻게 해서 그리 만들어졌는지는 잘 모르겠지만, 인간은 현재의 일을 순순히 인정하고 참아 내며 살기보다 자신의 상상력을 지난 불행을 더듬어 내는 데 사용한다는 그 말 말이네. 자네 말대로 인간이 지금 처한 현실을 그대로 받아들이고 살아간다면, 인간이 겪을 고통의 양은 훨씬 줄어들 걸세.

Die Erinnerungen des vergangenen Übels zurückzurufen, eher als eine gleichgültige Gegenwart zu ertragen.

● 『젊은 베르테르의 슬픔』

우리는 대부분 행복한 순간은 자주 오지 않고, 오더라도 그저 찰나일 뿐이라고 느낀다. 그만큼 행복은 드물고 귀한 것이기에 멀게만 느껴지는 것이다. 그러나 행복이란 단어의 무게를 조금 덜어 내고 재정의한다면 우리 인생에서 행복은 생각보다 훨씬 자주, 오래 머물게 될 것이다. 그토록 기다리던 주말은 더디 오고, 오더라도 금세 지나가 버리며 또다시 만인의 불치병인 월요병을 겪는다. 실제로 일요일만 되어도 돌아올 월요일 생각에 불안해하며 스트레스를 받는 직장인들이 많다고 한다. 그러나 그러한 감정은 그토록 기다리던 달콤한 휴일의 안식을 앗아 갈 뿐이다.

우리는 지금 눈앞에 있는 순간을 즐기지 못하고 다가올 미래를 걱정하며 살아간다. 미래에 대한 걱정뿐인가. 이미 지나간 일에 대한 아쉬움과 후회까지 더해져 우리의 현재는 그야말로 과거와 미래에 무참히 짓밟히고 만다. 지금 이 순간이 편안하고 즐겁다면 그것이 행복이다. 그 행복은 오롯이 자신의 몫이니 온전히 누리자. 부디, 모두가 현재를 살자.

check

□

058 충고가 도움이 되지 못하는 때

Wenn Ratschläge nicht helfen

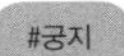

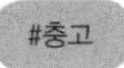

#쓸모없음

▶ 정신적으로 궁지에 내몰린 사람들은 외부에서 받아들여진 여러 인상이 작용해 떨쳐 버릴 수 없는 하나의 관념으로 고착되지요. 그렇게 생겨난 그의 정열은 격정에 휩싸이게 되고, 냉철한 판단력이 마비되어 결국 파멸로 이끌게 되지요. 이런 경우, 냉정하고 이성적인 태도를 보이는 사람이 그 불행한 사람의 상황을 보면서 그 어떤 충고를 하더라도 아무런 도움도 주지 못할 겁니다. 이것은 건강한 사람이 환자 곁에 가까이 있으면서도 자신의 힘을 그에게 나누어 줄 수 없는 것과 같은 이치지요.

Ideen sich bei ihm festsetzen, bis endlich eine wachsende Leidenschaft ihn aller ruhigen Sinneskraft beraubt und ihn

zugrunde richtet.

●『젊은 베르테르의 슬픔』

따뜻한 위로와 격려의 한마디가 누군가의 굳은 마음을 녹여 주고 가슴을 데워 줄 수도 있다. 그래서 우리는 같은 말이라도 좀 더 따스하게 해야 한다. 이렇듯 말의 중요성은 거듭 강조해도 지나치지 않다. 그러나 때로는 이 따스한 배려조차 쉽게 받아들일 수 없는 경우가 있다. 상대의 마음은 충분히 이해하고 고맙지만 내 안에 그 마음을 받아들일 빈자리가 없을 때, 우리는 어떻게 해야 할까. 가장 중요한 건 상대의 마음 상태를 먼저 헤아려 보는 것이다. 충고와 조언이 필요한 상황인지, 아니면 그저 조용히 지켜보는 게 나을지 판단해야 한다. 후자의 상황이라면 아무리 좋은 말을 건네도 상대는 그것을 소화해 낼 수 없을 것이다. 그럴 때 행여나 섭섭해하거나 낙심해서는 안 된다. 그저 격렬한 폭풍이 지나가기를 기다리며 조용히 곁을 지켜주는 또 다른 배려가 필요한 것이다. 위로와 격려는 그 바람이 지나간 후에 해도 늦지 않다. 위로와 격려는 나 자신을 만족시키기 위한 호의가 아니기에, 어디까지나 상대를 제일 먼저 생각해야 하는 마음이기에.

check

□

059

여행자의 숙명

Schicksal des Passagiers

save

#여행자 #감내 #등산

▶ 여행자는 때로는 산을 넘지 않으면 안 되는 법이지요. 여행자는 이런 과정을 견뎌 내는 수밖에 도리가 없어요. 물론 산이 놓여 있지 않다면 가는 길이 훨씬 편하겠지만, 산이 눈앞에 떡하니 있으니 넘지 않을 수 없지요.

Man muß sich darein resignieren wie ein Reisender, der über einen Berg muß.

● 『젊은 베르테르의 슬픔』

check

□

060

인간이기에 겪는 고통

Der Schmerz, den Menschsein mit sich bringt

#인간 #배신 #착한 여인 #고통

▶ 인간은 누구나 희망이나 기대에 속고, 배신을 맛보곤 하지. 나는 보리수나무 아래에 사는 그 착한 여인을 다시 찾아갔네. 가장 큰아이가 뛰어나와 나를 맞이했다네. 아이가 나를 보고 기뻐하며 지르는 소리에 어머니도 따라 나왔네. 그런데 그녀는 너무 힘들어 보였다네.

Alle Menschen werden in ihren Hoffnungen getäuscht, in ihren Erwartungen betrogen.

● 『젊은 베르테르의 슬픔』

check
□
061

고통을 덜어 내는 한 걸음

Ein Schritt, um die Schmerzen zu lindern

#고통 #한 걸음 #명약 #평온함

▶ 길도 없는 곳을 발바닥을 찢기어 가며 걷는 한 걸음 한 걸음이 불안한 영혼을 진정시켜 주는 한 방울의 명약이라네. 또 그렇게 고통을 이겨 내면서 하루의 여행을 끝내면 마음속의 수많은 근심이 덜어질 걸세. 그런데 안일하게 말만 늘어놓는 자들이여. 이를 너희가 감히 망상이라고 부를 수 있겠는가?

Und mit jeder ausgedauerten Tagereise legt sich das Herz um viele Bedrängnisse leichter nieder.

● 『젊은 베르테르의 슬픔』

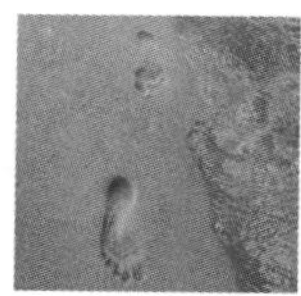

check
□
062

어른과 아이의 교차점

Der Schnittpunkt eines Erwachsenen und eines Kindes

save

#아이 #갈망 #어른 #방황

▶ 아이들은 특별한 이유 없이 무언가를 계속 원하지. 학식이 높은 선생님들이나 교사들은 이 점에 대해서 의견이 일치하지. 하지만 어른들도 아이들과 마찬가지로 땅 위를 이리저리 비틀거리며 헤매고 다니면서도 자신들이 어디에서 와서 어디로 가는지 모르지.

Und Hofmeister einig daß aber auch Erwachsene gleich Kindern auf diesem Erdboden herumtaumeln und wie jene nicht wissen.

● 『젊은 베르테르의 슬픔』

check

☐

063

'나이'에 관한 통찰

Einsicht über das „Alter“

#어린아이 #의지 #나이 #권한

save

▶ 우리는 어린아이들이 자신의 의지를 가져서는 안 된다고 말하곤 한다네. 그러면 우리는 의지라는 것을 가지고 있지 않단 말인가? 도대체 그런 말을 할 권리는 어디에 있단 말인가? 우리가 그들보다 나이가 더 많고, 보다 더 영리하기 때문인가? 하늘에 계신 하느님의 눈에는 단지 나이가 좀 더 많은 아이와 나이가 좀 더 어린 아이만이 있을 뿐일 텐데…….

Guter Gott von deinem Himmel, alte Kinder siehst du und junge Kinder, und nichts weiter.

● 『젊은 베르테르의 슬픔』

check

□

064

'완벽함'이라는 허상

Eine Illusion namens „Perfektion"

save

#부족함 #타인 #완벽함 #허상

▶ 우리는 우리가 여러 가지 면에서 모자라는 게 많다고 느끼지. 타인이 우리가 부족하다고 여기는 것들을 소유하고 있다고 여기면, 우리는 오히려 타인에게 자기가 가지고 있는 것마저도 몽땅 다 주어 버리지. 게다가 타인을 완벽한 이상형, 행복한 타인으로 만들고 말지. 하지만 이것 역시 우리가 마음대로 창조한 허상에 불과하네.

Und so ist der Glückliche vollkommen fertig, das Geschöpf unserer selbst.

● 『젊은 베르테르의 슬픔』

check

□

065

서로에게 가장 안 좋은 일

Das Schlimmste für einander

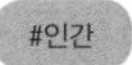

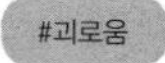

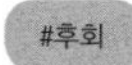

#어리석음

save

▶ 인간이 서로에게 괴로움을 주는 것만큼 안 좋은 일은 없네. 특히 한심한 일은 젊은 사람들이 인생의 즐거움을 최대한 즐겨야 할 때에 즐거운 나날을 우울한 얼굴로 낭비하는 것이네. 그렇게 인생의 즐거움을 망치고 나서 후회하는 것은 어리석은 일이지. 나는 점점 분통이 치밀었네. 우리는 저녁 때 목사 사택으로 돌아왔다네.

Enander die paar guten Tage mit Fratzen verderben und nur erst zu spät das Unersetzliche ihrer Verschwendung einsehen.

● 『젊은 베르테르의 슬픔』

사랑만 하기에도 모자란 시간에 우리는 서로를 미워하며 사랑을 속

삭이던 입으로 돌이킬 수 없는 상처를 준다. 상처를 주고 치유하며 이 모든 과정을 되풀이하는 것은 고귀한 인간의 특권인가, 불완전한 인간이기에 겪어야만 하는 숙명인가. 깨달음은 항상 늦다는 걸 알게 될 즈음에 우리는 어른이 된다. 그 깨달음을 생활에 적용할 수 있을 때, 그리하여 반복되는 오해와 다툼을 줄이고 누군가에게 상처 주지 않으려고 노력할 때 비로소 진정한 어른이 된다. 매일같이 교복을 입고 등교하는 학생들은 교복과 학교가 너무 지겹지만 어른들은 교복이 제일 예쁘다고, 학창 시절이 가장 좋을 때라고 말한다. 학교를 졸업하고 이제 막 사회인이 된 청년들은 사회인으로서의 고충을 토로하지만, 그 과정을 이미 지나온 선배들은 젊음만으로도 아름답고 행복한 거라고 말한다. 그 선배들 역시 한때 학생이었고 청년이었다. 학생과 청년 역시 언젠가는 선배이자 어른이 된다. 우리는 지금 우리가 누리고 있는 이 순간을 즐기지 못하고 그저 먼 곳만 동경한다. 과거에 얽매이고 현재에 충실하지 못한 인생이라면 미래 역시 어두울 수밖에 없다. 과거를 잊지 않되 그것에 얽매이지 말고, 현재에 충실하며 즐기는 삶을 살되 차분히 미래를 계획하자. 지금 우리가 아무리 힘들어도 분명 어딘가에 돌파구 하나쯤은 있을 것이다. 찾으려고 노력하는 자에게만 보이는 비밀의 통로 같은 것.

check

□

066

먼저 손을 내밀지 않는다면

Wenn man keinen ersten Schritt macht

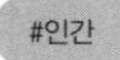

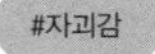

#냉정함 #선행

▶ 인간들이 서로에게 그렇게 냉정할 수 있을까 하고 생각하면, 나는 가끔 내 가슴을 찢고 머리통을 깨부수고 싶은 생각마저 드네. 아아, 사랑이든 기쁨이든, 온정이든 즐거움이든 내가 주지 않으면 다른 이들도 절대 내게 되돌려 주지 않는다네.

Ach die Liebe, Freude, Wärme und Wonne, die ich nicht hinzubringe, wird mir der andere nicht geben, und mit einem ganzen Herzen voll Seligkeit werde ich den andern nicht beglücken, der kalt und kraftlos vor mir steht.

● 『젊은 베르테르의 슬픔』

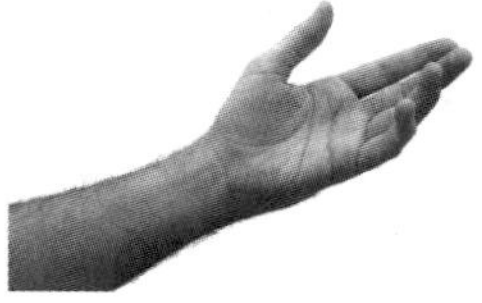

날로 각박해지고 흉흉해지는 세상 속에서 우리는 어떠한 자세로 살아가야 할 것인가. 날카롭게 파고들어 상처받은 만큼 되돌려주고 싶은 마음도, 상처를 딛고 용서하고 꿋꿋하게 내 길을 가야겠다는 마음도 모두 이해할 수 있다. 그러나 상처를 상처로 갚는 것은 근본적인 치유책이 될 수 없다. 결국 다른 사람에게 준 상처가 다시 내 상처로 남게 될 뿐이다. 누군가가 먼저 그 고리를 끊지 않으면 이 악순환은 무한히 반복될 것이기에 우리에겐 화해와 관용의 마음이 필요한 것이다.

선의를 베풀 때도 내가 준 만큼 되돌려 받으려는 마음을 버리고 그저 주는 마음만 생각하자. 무언가를 주는 기쁨만으로도 우리는 그 순간 충분히 행복하지 않은가. 대가를 바라고 시작하는 선의는 그저 자기만족을 위한 위선일 뿐이다. 내가 먼저 누군가의 차가운 손을 잡아 주며 그에게 작은 온기를 불어넣어 준다면, 그 마음은 일종의 나비 효과처럼 우리가 생각하는 것보다 훨씬 더 큰 파장을 일으켜 세상의 온도를 높여주리라 믿는다. 시작은 미약할지라도 그 끝은 더없이 창대하고 따스하리라.

#사랑이든 기쁨이든, 온정이든 즐거움이든 먼저 손을 내밀어 베풀어야 한다. 내가 주지 않으면 다른 이들 역시 내게 되돌려 주지 않는다. •••

check

☐

067

인생 결산

Abschluss des Lebens

#형식 #본질 #인생 결산

▶ 당신은 형식에 몰두하고 있지. 마치 그것이 어떤 일의 본질인 것처럼! 그건 마치 덧셈 뺄셈이나 하며, 대차 대조표를 작성하는 데 모든 에너지를 쏟아 가장 중요한 결산을 잊어버리는 행위라고. 제일 중요한 인생 결산을 말이야.

Du fängst von der Form an, als wenn das die Sache wäre.

● 『빌헬름 마이스터의 수업시대』

check

□

068

신념 없이 흔들리면

Wenn man ohne Meinung schwankt

save

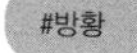

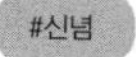

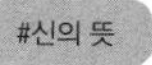

#착각

▶ 우리는 깊이 생각하지 않고 그저 방황하며 달콤한 우연에 운명을 맡겨. 그러고는 훗날 신념 없이 흔들리며 살아온 참담한 결과에 신의 뜻이라는 이름을 붙이곤 하지. 그렇게 우리는 스스로 경건하다 믿는 것이지.

Wir bilden uns ein, fromm zu sein, indem wir ohne Überlegung hinschlendern, uns durch angenehme Zufälle determinieren lassen und endlich dem Resultate eines solchen schwankenden Lebens den Namen einer göttlichen Führung geben.

● 『빌헬름 마이스터의 수업시대』

check

□

069

욕심과 재능

Begierde und Talent

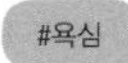 #욕심 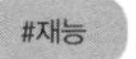 #재능 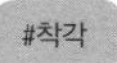 #착각 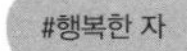 #행복한 자

save

▶ 어떤 거장이 연주회를 마치면 그 악기를 배우겠다는 아이들이 생겨나지. 수많은 이들이 이런 식으로 잘못된 길로 들어선단 말이네. 자신의 욕심을 재능으로 착각했다는 걸 일찍이 깨닫는 사람은 그래도 행복한 사람이지.

Glücklich, wer den Fehlschluß von seinen Wünschen auf seine Kräfte bald gewahr wird.

● 『빌헬름 마이스터의 수업시대』

check

□

070

나아가기 위한 노력

Die Anstrengung, um vorwärts zu gehen

save

#노력 #무책임 #최선 #연습

▶ 아무것도 부족하지 않은 지금, 우리는 조금이라도 연습해 단 몇 걸음이라도 나아가고자 노력할 생각은 하고 있습니까? 이건 무책임함 그 자체입니다. 하나의 작품을 선택해 당장 연기 연습을 해 봅시다. 이미 만석인 관람객들을 앞두고 열연하는 것처럼 최선을 다해 연습해야 한단 말입니다.

Und jetzt, da es uns noch an nichts gebricht, fällt es uns denn ein, etwas zu unserer übung zu tun und nur einigermaßen weiterzustreben?

● 『빌헬름 마이스터의 수업시대』

check

□

071

남 탓, 그 어리석음

Die Schuld anderer, diese Dummheit

save

#불행 #타인 #비난 #손해

▶ 불행 때문에 허우적거린다고 죄 없는 타인에게 비난을 퍼부을 권한이 생기는 건 아니지요. 어떤 잘못된 결과에 제 선택이 있다면 그 값을 저는 이미 치르고 있습니다. 저는 이미 부상당해 누워 있습니다. 극단의 손해가 크다지만 제 손해 역시 크지요.

Kein Unglück berechtigt uns, einen Unschuldigen mit Vorwürfen zu beladen.

● 『빌헬름 마이스터의 수업시대』

check

□

072

불행한 사람이라 믿는 당신에게

Für dich, der sich für eine unglückliche Person hält

#불행 #위로 #행복 #행운

▶ 저는 당신이 믿는 그 불행에 대한 미신을 믿지 않습니다. 그저 당신에게 위로를 전하고 싶습니다. 제가 가진 행복과 함께하십시오. 그리고 당신을 따라다니는 그 불행의 신이 더 센지, 혹은 저를 수호하는 행운의 신이 더 센지 지켜봅시다.

Geselle dich zu meinem Glücke.

● 『빌헬름 마이스터의 수업시대』

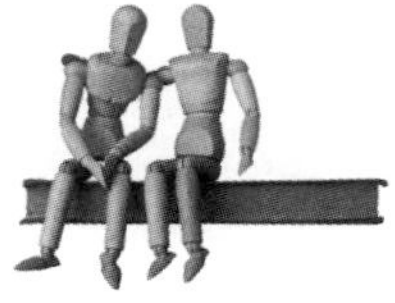

check

☐

073

당신에게 건네는 위로

Trost, der dir überreicht wird

save

#귀중한 인품 #불행 #위로

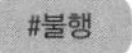

▶ 당신처럼 귀중한 인품을 가진 사람이 완전히 불행에 빠질 수는 없습니다.

Bei edlen Gesinnungen, wie die Ihrigen sind, versetzte der Freund, können Sie nicht ganz unglücklich sein.

● 『빌헬름 마이스터의 수업시대』

check

☐

074

'어리석은 사람'에 대한 일침

Stechender Rat für „dumme Leute"

save

#잠재력 #어리석은 자 #뻣뻣함

▶ 당신들은 아직 많은 잠재력을 지니고 있어서 저는 당신들에게 기대를 하고 있습니다. 제가 아는 당신들은 어리석은 사람들이 아니니까요. 어리석은 사람은 정말 나아질 길이 없습니다. 그들은 자존심이나 우둔함 혹은 우울감 때문에 유연하지 못한 채 뻣뻣하기 그지없거든요.

Sie mögen nun aus Eigendünkel, Dummheit oder Hypochondrie ungelenk und unbiegsam sein.

● 『빌헬름 마이스터의 수업시대』

check

☐

075

당신에게 전하는 위로

Trost, der dir übermittelt wird

save

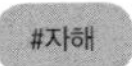
#자해

#젊음

#재능
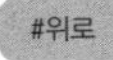
#위로

▶ 날카로운 칼을 겨눠 자해하는 행위를 그만둘 수는 없겠어요? 정녕 당신에게 남아 있는 것이 아무것도 없습니까? 당신이 가진 젊음, 용모, 건강, 그리고 재능이 아무것도 아니라 말할 수 있습니까?

Bleibt Ihnen denn nichts?

● 『빌헬름 마이스터의 수업시대』

check

☐

076

슬픔을 털어 내고 싶다면

Wenn man Traurigkeit abschütteln will

save

#보물 #시간 낭비 #슬픔

▶ 아무런 죄 없이 보물 하나를 잃었다고, 당신이 가진 다른 보물을 모두 내던지는 것이 괜찮을까요? 꼭 그래야 할 필요가 있을까요? 그건 저도 알아요. 그저 시간 낭비라는 것을. 그렇지만 제가 할 수 있는 일이 없는걸요.

Wenn Sie ein Gut ohne Ihr Verschulden verloren haben, müssen Sie denn alles übrige hinterdreinwerfen?

●『빌헬름 마이스터의 수업시대』

check

□

077

비움에서의 시작

Vom Leeren kommender Anfang

save

#찌꺼기 #무의미 #합일 #비움

▶ 자신의 속이 광물 찌꺼기로만 가득 차 있다면 품질 좋은 철을 생산해 내는 것이 무슨 의미가 있는가. 스스로 자신과 합일을 이루지 못한다면 토지를 일구는 것이 무슨 소용이 있단 말인가?

Was hilft es mir, gutes Eisen zu fabrizieren, wenn mein eigenes Inneres voller Schlacken ist?

● 『빌헬름 마이스터의 수업시대』

check

☐

078

달달한 눈물을 흘리다

Vergießen süßer Tränen

save

#슬픔 #울음 #달달한 눈물 #후련함

▶ "모든 이가 이리 즐거운데 너는 참 슬퍼 보이는구나. 너의 눈을 보니 여태껏 울고 있었구나." 비록 남몰래 흘린 눈물이지만 그건 오로지 내 아픔이다. 슬피 울어 달달한 눈물이 흐르면 내 가슴은 후련해진다.

Und Thränen fließen gar so süß, Erleichtern mir das Herz.

●「눈물이 주는 위안」

check

☐

079

더는 바라지 마라

Hoffe nicht mehr

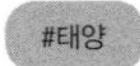

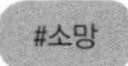

#태양 #달 #소망

save

▶ 오늘의 태양, 오늘의 달에게 그 무엇도 바라지 마라. 어제의 태양, 어제의 달이 네게 건넨 것보다 더는 바라지 마라.

Vom heut'gen Tag, von heut'ger Nacht Verlange nichts, als was die gestrigen gebracht.

●「오늘의 태양, 오늘의 달에게」

check

□

080

죄를 지은 자

Schuldiger

save

#탄생 #가엾은 자 #자책감 #죄와 벌

▶ 당신은 우리를 태어나게 하고, 가엾은 자로 하여금 죄를 짓게 했다. 그러고는 심한 자책감을 느끼게 한다. 죄를 지으면 응당 벌을 받는 지금이니까.

Denn alle Schuld rächt sich auf Erden.

● 「눈물에 젖은 빵」

check

□

081

인간만의 품격

Die Würde, die nur dem Menschen gehört

#인간 #품격 #자비로움 #옳은 발걸음

▶ 인간은 품격이 있어야 한다. 자비롭고 선해야 한다. 오로지 이것만이 우리가 아는 모든 것과 인간의 차이를 만든다. 인간의 옳은 발걸음이 그것을 신뢰할 수 있도록 해야 한다.

Edel sei der Mensch, Hilfreich und gut!

● 「신의 뜻」

check

☐

082

아름다움이 지닌 무상함

Die Unbeständigkeit der Schönheit

save

#아름다움 #신 #덧없음

▶ 아름다움이 물었다. "오, 신이시여. 저는 왜 이리 속절없는 것입니까." 신은 대답했다. "덧없는 것들만 아름답게 만들었노라."

Nur das Vergängliche schön.

●「나는 왜 잊힌 걸까」

괴테가 '고통과 위로, 조언'에 관해 말을 전하다

check
□

❶ 인간에게는 신에 굴복하지 않고, 상상으로 스스로 고통 속으로 몰아넣지 않으며, 지옥의 불길이 타오르는 저 죽음의 통로를 향해 과감히 나아가 허무라는 위험이 도사리는 곳으로 기꺼이 발걸음을 내디딜 용기가 있다.

❷ 인간은 방황 속에서 현명해질 수 있다. 그러므로 완전해지고 싶다면 혼자 힘으로 헤쳐 나가야 한다.

❸ 현실에 존재하는 것을 붙잡고 이 지상을 거닐며 하루를 보내라. 유령이 나타나도 제 갈 길을 가면 된다. 허상이 아닌 현실을 보라.

❹ 말로써 논쟁을 벌일 수도 있고 말로써 하나의 체계도 세울 수 있으며 말로써 믿음을 줄 수도 있다. 그러므로 말할 때는 작은 것 하나라도 신중히 하라.

❺ 시대에 뒤떨어진 가치 없는 것을 가지고 자신을 높여 생각하는 것은 오만이다. 싱싱함으로 가득한 피가 새로운 생명을 만들어 낸다.

❻ 어둠에 몸을 맡기며 과거에 얽매인다면, 현재와 미래의 희망마저 모두 어둠에 잠식된다.

❼ 한순간의 쾌락 때문에 고통의 나락으로 떨어질 수 있다.

❽ 소유한 것을 내려놓아야 길이 보이고 가진 것을 지킬 수 있다.

❾ 인간이 자신의 상상력을 지난 불행을 더듬어 내는 데 사용하지 않고, 지금 처한 현실을 그대로 받아들이고 살아간다면, 인간이 겪을 고통의 양은 훨씬 줄어들 것이다.

❿ 판단력이 마비될 정도로 정신적 궁지에 몰린 사람에게는 그 어떤 이성적인 충고도 도움이 될 수 없다.

⓫ 여행자에게 산을 넘는 과정은 반드시 견뎌 내야만 하는 의무이자 숙명이다.

⓬ 희망이나 기대에 속고, 배신을 맛보는 고통은 인간이기에 필연적으로 겪어야 하는 것이다.

⓭ 인간이 서로에게 괴로움을 주는 것만큼 안 좋은 일은 없다. 특히 젊은이들이여, 인생의 즐거움을 최대한 즐겨야 할 때에 우울한 얼굴로 그 좋은 시절을 낭비하지 말라.

⓮ 사랑이든 기쁨이든, 온정이든 즐거움이든 먼저 손을 내밀어 베풀라. 내가 주지 않으면 다른 이들 역시 내게 되돌려 주지 않는다.

⓯ 인간은 살아 있는 한 끝없이 방황하는 존재이며 방황 속에서 계속 성장한다. 그러나 신념 없는 방황은 인생에 어떤 도움도 되지 않는 참담한 결과를 낳을 뿐이다.

⓰ 불행과 행복은 그것을 믿는 자에게 각각 따라온다.

⓱ 품격이야말로 인간과 인간이 아닌 것의 차이를 만든다. 인간은 자비롭고 선해야 한다.

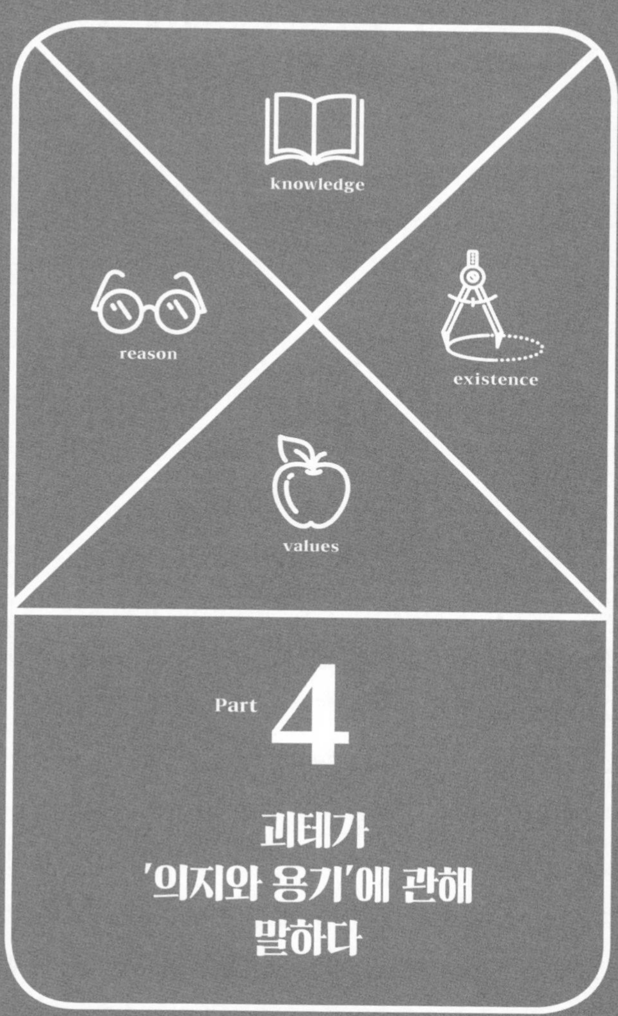

Part 4

괴테가 '의지와 용기'에 관해 말하다

희곡 『파우스트』를 통해 인생의 목표를 뚜렷하게 잡고 앞으로 돌진하는 삶을 강조한 괴테

#『파우스트』 #인생의 목적 #돌진 #현명한 자 #뚜렷한 목표 #꿈 #현실과 괴리된 목표 #세분화 #실행 #성취감 #동력

693,423

▶ 괴테는 『파우스트』에서 “인생의 목적이 뚜렷하게 보이면 망설임도 불안감도 말끔히 사라지게 되고 그렇게 되면 악마도 지옥도 두렵지 않게 된다. 두려움에 발목이 잡혀 머뭇거리기보다 곧장 앞으로 돌진하는 것이 현명한 자의 살아가는 모습이다.”라고 말한 바 있다. 목표가 뚜렷한 사람은 결코 헤매지 않는다. 때론 지쳐 쓰러질지라도 결국 그 길을 향해 나아가기 때문이다. 우리는 목표를 세울 때 원대한 것을 이상으로 삼는 경향이 있다. 모름지기 꿈과 목표는 크고 근사해야 된다는 일종의 압박감과 편견 때문일 것이다. 물론 인생을 멀리 보고 목표를 크게 세우는 것은 중요하다. 그러나 현실과 괴리된 목표는 그저 이상(理想)에 불과하며, 실패를 거듭함으로써 하루하루 지치게 할 뿐이다. 큰 그림을 그리되 그 안에서 세분화된 목표를 세우고, 작은 목표들을 하나하나씩 실행하고 달성하자. 작은 것일지라도 무언가를 이루어 낸 성취감은 미래를 향한 동력으로 작용할 것이다. 그 힘으로 한 걸음 한 걸음씩 나아가다 보면 어느새 우리는 우리가 그토록 염원하던 큰 목표에 가까워져 있을 것이다.

❶

❷

❶ 체코 마리안스케 라즈네에 있는 괴테의 동상이다. 괴테는 휴양하러 온 이 도시에서 마지막 사랑인 우를리케를 만나게 된다. ❷ 오스트리아 빈의 왕궁 정원 후문 옆에 있는 괴테의 동상이다. 이 동상 건너편에 있는 공원에는 괴테와 평생 우정을 나누었던 독일의 시인 실러의 동상이 있다.

check

□

083

등불이 밝히는 내면

Die vom Licht erleuchtete Innenseite

save

#등불 #밝음 #희망 #생명의 원천

▶ 비좁은 방 안에 따뜻한 등불이 켜지면 우리의 깊숙한 내면도 밝아질 것을 이 마음은 알지니. 이성은 말하기 시작하고 희망은 다시 떠오른다. 흘러가는 삶의 강물이 보이나니 생명의 원천이 가까이 있도다.

Ach wenn in unsrer engen Zelle Die Lampe freundlich wieder brennt, Dann wird's in unserm Busen helle, Im Herzen, das sich selber kennt.

● 『파우스트』

얼어붙은 마음을 녹이기 위해 결코 큰 빛이 필요한 것은 아니다. 하루하루 바쁜 일상에 쫓기고 시달려 점점 메말라 가는 감성과 무기력한 생활에 활력이 되어 주는 것은 지극히 사소한 것일 수도 있기 때문이다. 아이들의 천진한 웃음소리, 나른한 모습으로 낮잠을 자고 있는 길고양이, 두 손을 꼭 잡고 한낮의 평온함을 즐기는 노부부의 모습 등을 통해서도 차갑게 굳은 마음이 데워지고 녹여질 수 있기에.

몇 해 전, 여행차 일본의 소도시를 방문한 적이 있다. 경관이 아름다워 전 세계적으로 유명한 카페가 있다는 소문을 듣고 커피 마니아로서 그냥 지나칠 수 없기에 찾아갔던 곳이다. 예상대로 수많은 사람들로 북적거리던, 도떼기시장을 방불케 하는 그곳에서 겨우 자리를 잡고 커피를 주문했다. 유명한 곳인 만큼 손님이 끊이지 않았던 정신없는 카페에서 어디로 들어갔는지도 모르게 서둘러 커피를 마시며 내 선택을 두고두고 후회했다. 아무리 세계적으로 아름다운 카페라도 만원 버스 속에서 사람에 치이며 꾸역꾸역 커피를 마시는 듯한 기분은 도저히 유쾌할 수가 없었던 것이다.

따뜻한 커피를 몇 모금 마시자 다행히 불쾌한 기분은 조금씩 안정되어 갔고, 카페 직원들이 손님들을 응대하는 모습이 눈에 들어오기 시작했다. 쉴 새 없이 주문을 받고 커피를 만들며 발갛게 얼굴이 상기된 와중에도 웃음을 잃지 않았던 직원들, 나보다도 훨씬 어려 보이던 그 직원들의 발그레한 웃음에는 마음을 움직이는 무언가가 있었다. 나는 눈을 떼지 않고 직원들을 계속 바라봤다. 그들은 여전히 미소를 잃지 않고 있었다. 그 순간, 정신없는 소음으로 가득했던 카페가 꽤 괜찮은 곳처럼 느껴졌다. 이 카페가 세계적으로 아름다운 명소로 꼽힐 수 있었던 건 외관 때문만이 아니라 직원들의 저 웃음 때문이 아닐까.

그날의 기억은 수년이 지난 지금도 잊히지 않는다. 건조한 일상에 지쳐 어디론가 훌쩍 떠나고 싶은 날, 그날의 기억을 떠올릴 때마다 가슴 한구석이 은근하게 데워진다. 누군가의 다정하고 따스한 미소가 문득 그리운 계절, 또다시 떠나고 싶은 가을이다.

#깊숙한 내면이 밝아지면 이성이 말하기 시작하고 희망은 다시 떠오른다. ...

check

□

084

위대한 목표

Großartiges Ziel

#목표 #우연 #위대함

save

▶ 빛이 나고 팽창합니다. 이제 곧 이루어질 것입니다. 위대한 목표는 처음에는 미친 짓 같지만, 나중에는 우연이란 것에 웃게 될 일이 있을 겁니다. 사고하는 뇌수도 미래에는 학자들이 창조할 것입니다.

Ein großer Vorsatz scheint im Anfang toll Doch wollen wir des Zufalls künftig lachen.

●『파우스트』

check

□

085

예고 없이 찾아오는

Ohne Vorankündigung kommen

save

#인간 #미래의 일 #용기 #예고

▶ 미래의 일은 알 수 없으니 여왕님, 용기를 내서 앞으로 발을 내딛으세요. 좋은 일이건 나쁜 일이건 인간에게 예고 없이 찾아오기 마련이지요. 미리 알려준다 해도 믿지 않을 테지요.

Gutes und Böses kommt Unerwartet dem Menschen.

● 『파우스트』

누구도 미래를 알 수 없기에 불안하고 또 그만큼 기대되는 것이 인생이다. 삶에 있어 모든 것이 투명하게 보이고 탄탄대로만 펼쳐진다면 인생은 얼마나 시시하고 재미없겠는가. 미지의 날들에 대한 기대와 설렘을 즐기고, 또 그 막연함과 막막함에 맞서 용기 있는 한 걸음을 내디딜 때 비로소 인간은 자신의 삶에 진정한 주체가 되는 것이리라. 나쁜 일이 있으면 분명 좋은 일도 생기는 것이 인생의 순리일 테니, 힘든 날들 앞에서 크게 좌절하지 말고 버티며 이겨 내야 하는 것이다. 또 좋은 날이 오면 다가올 미래를 걱정하며 불안해하지 말고 온몸으로 기꺼이 그 행복을 맞이하자. 지금 내 앞에 있는 현재를, 순간을 받아들이고 사랑하는 것, 그것이야말로 인생에 있어 최선의 해답이 아니겠는가. 그 단순한 진리를 실행하지 못해 모두가 여전히 방황하고 있지만, 내일은 오늘보다 삶에 좀 더 충실할 수 있는, 삶의 모든 것을 온전히 받아들이고 누릴 수 있는 우리가 되기를.

#미래의 일은 알 수 없으니 불안을 떨쳐 내고 용기를 내어 힘차게 발을 내딛어야 한다. …

check

☐

086

인간이 가진 최고의 힘

Die größte Kraft, die Menschen haben

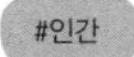

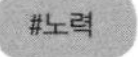

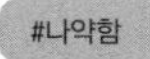

#알베르트

▶ "인간의 노력을 인간이 지닌 최고의 강점이라고 하면서 왜 극한의 상황 속에서 벌어진 일들을 나약하다고 할 수 있단 말입니까?"

알베르트는 나를 그대로 응시하면서 말했네. "내 말에 너무 기분 나빠하지는 않았으면 좋겠어요. 당신이 지금 예로 들었던 것들은 사실상 적절하지 않다고 생각합니다."

Und, mein Guter, wenn Anstrengung Stärke ist, warum soll die Überspannung das Gegenteil sein?

● 『젊은 베르테르의 슬픔』

베르테르와 로테의 약혼자 알베르트는 자살에 대한 서로의 의견을 피력하며 대립한다. 알베르트는 "자살하는 어리석은 인간을 도저히 이해할 수 없다."라고 말하는 반면 베르테르는 "기쁨도, 슬픔도, 괴로움도 어느 정도까지는 참아 낼 수 있지만 그 한계를 넘어서면 결국 파멸에 도달하므로 누가 강하고 약한가 하는 문제가 아니라, 고통의 한도까지 견뎌 낼 수 있는가의 여부가 관건이다."라고 말한다.

두 사람의 대화를 통해서 알 수 있듯이 알베르트와 베르테르의 사고방식은 많이 다르다. 소설 속 알베르트의 말을 빌리면, 자살을 택했던 베르테르는 자신의 처지를 비관하며 고난과 맞서지 못하는 나약한 인물이다. 반면 베르테르의 말을 빌리면, 그는 견딜 수 있는 한계를 넘어선 고통 속에서 살고 있었던 것이다. 결국 베르테르가 자살이라는 극단적인 선택을 하고 비극적인 결말로 마무리되는 이 작품은 후에 큰 파장을 일으켰다. 앞서 언급했듯 '베르테르 효과'라 불릴 정도로 당시 젊은이들 사이에서는 베르테르가 로테를 처음 만났을 때, 그리고 죽을 때까지도 착용했던 노란 조끼와 푸른 연미복, 장화가 유행했고, 실연을 당한 사람들이 그의 자살을 모방하기도 했다. 이렇듯 괴테의 『젊은 베르테르의 슬픔』은 당시 독일 문학을 지배하고 있던 이성과 질서, 도덕적 관습만을 중시하는 풍조 속에서 숨 막혔던 독자들에게 돌파구가 되어 주었고, 인간의 순수하고 진실한 사랑이 얼마나 소중한 것인지 다시 한번 일깨워 준 작품이다. 오랜 세월이 흘러도 많은 사람들의 가슴에 여전히 깊은 울림을 주는 이유가 바로 여기에 있다.

check

☐

087

나아가는 힘

Kraft zum Vorrücken

#나약함 #노력 #전진 #주체성

save

▶ 우리가 아무리 힘이 약하더라도 열심히 계속해서 나아가면, 간혹 게으름을 피우고 주저하더라도 돛대를 달고 키를 갖춘 다른 사람들보다 앞서 가게 된다는 것을 알게 되지. 그렇게 타인과 같은 선상에 있거나 앞서 갈 때 진정한 자기 자신의 주체적 감정이 생겨나게 된다네.

Dagegen, wenn wir mit all unserer Schwachheit und Mühseligkeit nur gerade fortarbeiten, so finden wir gar oft, daß wir mit unserem Schlendern und Lavieren es weiter bringen als andere mit ihrem Segeln und Rudern.

● 『젊은 베르테르의 슬픔』

“가랑비에 옷 젖는 줄 모른다.”라는 말처럼 무슨 일이든 조금씩이라도 꾸준히 노력하는 자세가 중요하다. 언뜻 별것 아닌 것처럼 보이는 일도 반복하다 보면 어느새 습관이 되고, 일상처럼 굳어져 자연스러워지는 것이다. 가령 ‘아침에 10분 독서하기’, ‘5분 명상하기’ 등과 같은 일들이 습관으로 자리 잡게 되면 나중에는 우리가 상상하는 것 이상의 긍정적인 결과를 가져올 것이다. 타의에 의한 실천은 아무리 좋은 것이라도 온전히 내 것이 될 수 없다. 내 안의 깊은 내면에서 우러나오는 의지, 그것을 온몸으로 실천할 때 비로소 온전한 내 것이 될 수 있다. 거대하고 원대한 목표를 두되 그 안에서 세부적인 계획을 세우자. 작은 것부터 하나하나 실행하며 성취의 기쁨을 느껴 보자. 지금 우리에게 필요한 건 이룰 수 없는, 이루기 힘든 이상이나 꿈보다는 작은 성취감일지도 모른다. 그 보람된 마음이 차곡차곡 쌓이다 보면 어느새 멀게만 느껴졌던 목표에 한층 더 가까이 도달해 있을 것이다.

#목표를 세우고 열심히 계속해서 나아가면, 어느새
멀게만 느껴졌던 목표에 한층 더 가까이 도달해 있을 것이다.

check

□

088

영혼의 불씨

Das Feuer der Seele

#영혼 #불씨 #무감각

save

▶ 당신의 영혼을 빛내는 불씨를 불어 살릴 수 있는 힘이 있다는 걸 느끼지 못하고, 당신 마음속에서 불타는 그 불을 더 풍성하게 살릴 수 있는 그 힘을 느끼지 못하고 있어.

Du fühlst in deiner Seele keine Kraft, ihn aufzublasen, in deinem eignen Herzen keinen Reichtum, um dem Erweckten Nahrung zu geben.

● 『빌헬름 마이스터의 수업시대』

check

□

089

마음속 불씨를 살리려면

Wenn man das Feuer im Herzen wieder entfachen möchte

#불씨 #부채질 #열정 #무관심

▶ 당신은 자신의 마음속 불씨를 지펴 줄 연료를 공급하고 있지 않아. 마음속 불씨를 꺼뜨리지 않기 위해서는 쉬지 않고 부채질을 해야 하지. 그렇지 않으면 당신이 가진 열정과 욕구는 무관심이라는 재에 덮여 버려. 그러나 그 재는 숯처럼 오랫동안 꺼지지 않고 살아 있는데 살아 있다는 사실조차 깨닫지 못하곤 하지.

Du fühlst nicht, daß in den Menschen ein besserer Funke lebt.

● 『빌헬름 마이스터의 수업시대』

check

☐

090

빈곤함을 이기는 평화

Frieden, der Armut besiegt

save

#궁핍함 #마음의 평화 #이치

▶ 곤궁함이 당신을 괴롭히고 그 빈곤함에서 오는 궁핍함이 싫겠지만, 그건 어디에서나 누구에게나 올 수 있다는 그런 마음가짐이 필요해. 이는 마음의 평화로만 이겨 낼 수 있다는 그 단순한 이치를 당신은 아직 모르고 있을 뿐이야.

Der Hunger treibt dich, die Unbequemlichkeiten sind dir zuwider, und es ist dir verborgen, daß in jedem Stande diese Feinde lauern, die nur mit Freudigkeit und Gleichmut zu überwinden sind.

● 『빌헬름 마이스터의 수업시대』

check

□

091

노력이 가져다주는 자신감

Das Selbstvertrauen, das aus Anstrengung resultiert

#노력 #험난한 운명 #믿음 #자신감

▶ 저는 전혀 불안하지 않습니다. 즐겁게 시작된 일은 반드시 행복한 결과를 가져 올 것입니다. 진지하게 노력하는 사람이라면 아무리 험난한 운명일지라도 반드시 살길을 발견할 거라는 그 믿음을 단 한 번도 의심해 본 적이 없습니다.

Ich habe nie gezweifelt, daß man sein Fortkommen in der Welt finden könne, wenn es einem Ernst ist.

● 『빌헬름 마이스터의 수업시대』

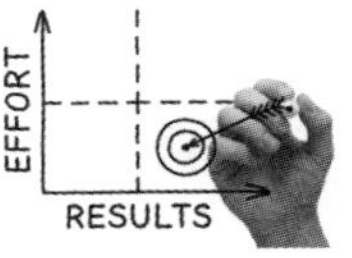

check

☐

092

당신을 위한 응원

Ermutigungszuruf für dich

save

#활기찬 삶 #행복 #기쁨 #응원

▶ 언젠가는 큰 바다에서 진리를 몇 잔 떠 제 나라의 갈증을 느끼는 관객들에게 나눠 줄 것입니다. 당신이 그런 행복을 느끼는 것을 보니 기쁩니다. 활기찬 삶으로 나아가려는 그 계획을 버리지 마십시오.

Lassen Sie den Vorsatz nicht fahren, in ein tätiges Leben überzugehen.

● 『빌헬름 마이스터의 수업시대』

check

□

093

'예술'을 한다는 것

Was „Kunst" machen ist

#예술 #사랑 #열정 #이해

save

▶ 예술을 한다는 것은 사랑하는 것과 유사합니다. 예술가가 무언가 완전한 것을 창조해 내기 위해서는 열정을 꺼트리지 않고 계속 지펴야 합니다. 그리고 누군가 완성품에 대해 자신이 원하는 만큼 관심 쏟기를 바란다면 본인이 가진 열정을 이해시켜야 합니다.

In der ein Künstler bleiben muß, wenn er etwas Vollkommenes hervorzubringen denkt.

● 『빌헬름 마이스터의 수업시대』

check

☐

094

'필연'이라는 지독한 이름

Der schreckliche Name „unvermeidlich"

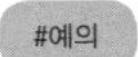

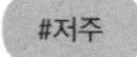

#필연성 #파괴

▶ 온갖 생각이 머릿속에서 맴돌고 있는 거겠지요. 그다음 예의라는 이름의 위로의 박수가 터지고 저는 그것을 거부하며 저주를 퍼부을 것입니다. 저는 무릎 꿇지 않겠습니다. 필연성이란 이름에 주저앉지 않겠습니다. 저를 파괴시키는 것이 어떻게 필연일 수 있겠습니까?

Ich will mich nicht ergeben, nicht der Notwendigkeit ergeben.

● 『빌헬름 마이스터의 수업시대』

check

☐

095

운명아, 부디

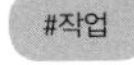

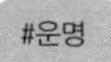

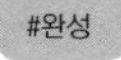

#소망

▶ 굳건한 운명아, 내 손이 만들어 가는 하루하루 작업을 부디 내가 완성할 수 있게 허락해다오!

Schaff, das Tagwerk meiner Hände, Hohes Glück, daß ich's vollende!

● 「믿음」

check

☐

096

이 나무는 결국

Dieser Baum schließlich

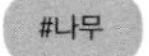 #나무
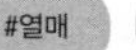 #열매
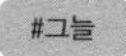 #그늘
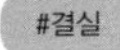 #결실

save

▶ 지금은 그저 기다란 막대기지만, 이 나무는 결국 열매를 맺고 그늘을 드리울 것이다.

Jetzt nur Stangen, diese Bäume Geben einst noch Frucht und Schatten.

● 「믿음」

check

☐

097

용기 있는 자

save

#용기 #고난 #극복

▶ 걱정 말고 빙판 위에 발을 디뎌라. 가장 용기 있는 자는 막다른 길을 마주하면 스스로 길을 만들 것이다! 스스로 길을 만들라!

Sorglos über die Fläche weg, Wo vom kühnsten Wager die Bahn Dir nicht vorgegraben du siehst.

● 「용기」

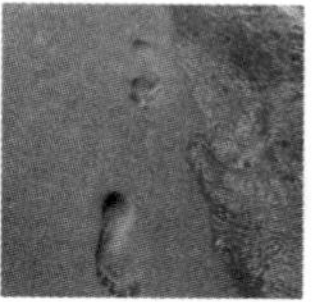

check

☐

098

슬픔과 맞서리라

Ich werde mich der Traurigkeit entgegenstellen

#기쁨 #슬픔 #승리 #고통

▶ 온 세상을 품 안에 안는 기쁨을 누리느니 슬픔과 맞서 싸워 이기리라. 함께 만나 맺은 마음과 마음이 어찌 이리도 커다란 고통을 안기는가.

Lieber durch Leiden Möcht' ich mich schlagen, Als so viel Freuden Des Lebens ertragen.

● 「무자비한 사랑」

#온 세상을 품 안에 안는 기쁨을 누리느니 슬픔과 맞서 싸워 이기는 것이 낫다. ...

check

□

099

신이시여

Oh Gott

#기도 #신 #의지 #용기

save

▶ 신이시여, 높다란 하늘 위 신이시여, 땅 위 인간들에게 부디 강인한 의지와 꺼지지 않는 용기를 주십시오. 높다란 하늘 위의 일은 모두 당신께 맡기겠소.

Gäbet ihr uns auf der Erde Festen Sinn und guten Mut.

● 「인간」

check

□

100

험난한 삶 통과하기

Ein hartes Leben durchmahen

save

#용기 #험난한 삶 #한 걸음 #전진

▶ 한 발짝, 한 발짝. 또 다른 이가 지나간다. 저 사람 전에도 이곳을 지났을 것이다. 그러니 더 힘차게, 용기 있게, 주저 말고 험난한 삶을 지나자. 때로는 다른 곳을 보고, 길가에 있는 꽃을 꺾으려 걸음을 멈추기도 하겠지. 그러나 악행을 저지른 것이 아니라면 더는 주저할 이유가 없다.

Drum laßt uns rasch und brav und kühn Die Lebenswege wandern.

●「다른 사람 다음을 간다」

check

□

괴테가
'의지와 용기'에 관해 말을 전하다

❶ 미래의 일은 알 수 없으니 용기를 내서 앞으로 나아가라.

❷ 인간이 가진 최고의 강점은 노력이다.

❸ 평화로운 마음은 빈곤함마저 극복하게 한다.

❹ 예술가가 무언가 완전한 것을 창조해 내기 위해서는 열정을 꺼트리지 않고 계속 지펴야 한다.

❺ 지금은 그저 기다란 막대기에 불과한 나무도 결국 열매를 맺고 그늘을 드리울 것이다.

❻ 가장 용기 있는 자는 막다른 길을 마주하면 스스로 길을 만들 것이다.

❼ 온 세상을 품 안에 안는 기쁨을 누리느니 슬픔과 맞서 싸워 이기리라.

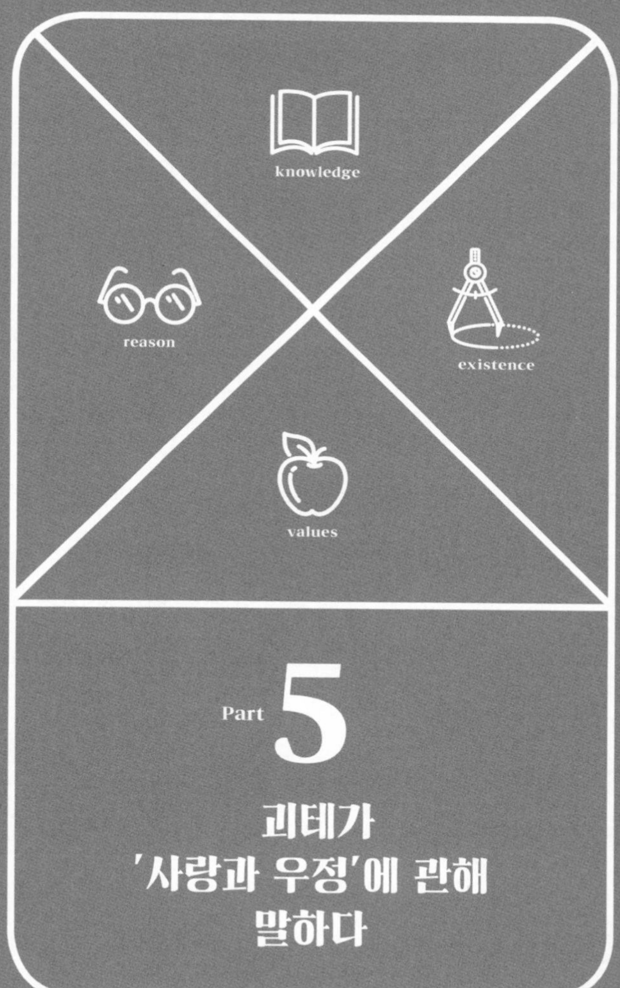

Part 5

괴테가 '사랑과 우정'에 관해 말하다

브리온부터 실러, 에커만까지 동지이자 큰 영감을 안겨 주었던 괴테의 뮤즈와 조력자들

#프리데리케 브리온 #샤를로테 부프 #베르테르 효과 #샤를로테 폰 슈타인 #우를리케 폰 레베초 #실러 #요한 페터 에커만

▶ 1765년 라이프치히 대학에서 법률학을 전공한 괴테는 그 무렵 마을 목사의 딸 프리데리케 브리온과 연인이 되어 약혼까지 했으나 곧 파혼한다. 그때의 경험은 훗날 그의 시 곳곳에 투영된다. 1771년에 고향으로 돌아와 변호사업을 개업한 그는 이듬해 고등 법원의 실습생으로 베츨러에 머물게 되는데, 그때 샤를로테 부프(Charlotte Buff)를 만나게 된다. 그러나 그녀는 이미 약혼자가 있었다. 그녀와의 만남과 이별, 그리고 대학에서 함께 공부했던 친구 빌헬름 예루살렘(Wilhelm Jerusalem)이 유부녀를 연모하다가 스스로 목숨을 끊은 사건은 훗날 『젊은 베르테르의 슬픔』(1774)의 소재가 된다. 괴테는 이 작품으로 하루아침에 유명 작가의 반열에 올랐고, 이 작품은 당대 젊은이들에게 감정 해방의 돌파구가 되어 주었다. 베르테르가 로테를 만날 때 착용했던 푸른 연미복과 장화, 노란 조끼가 유행했으며 급기야 실연당한 청년들이 자살을 모방하는 이른바 '베르테르 효과'를 불러일으키며 독일뿐만 아니라 유럽의 여

러 나라에 지대한 영향을 미쳤다.

괴테의 여인 중에 빼놓을 수 없는 샤를로테 폰 슈타인(Charlotte von Stein)은 그보다 7세 연상인 독일 바이마르공국 대공의 어머니를 섬긴 시녀장(侍女長)이었다. 연인이자 예술적 동지였던 그녀는 괴테에게 정신적으로 큰 영감을 주었기에 희곡 『이피게니에』(1787), 『타소』(1790) 등의 작품에서 그녀의 모습을 엿볼 수 있다. 그러나 괴테의 독단적인 이탈리아 여행과 훗날 그의 정식 부인이 된 크리스티아네와의 문제를 계기로 샤를로테 폰 슈타인은 그와 결별한다. 1788년에 바이마르에 돌아온 괴테는 가난한 집안의 딸 크리스티아네 불피우스를 만나 동거한 뒤, 1806년에 정식으로 결혼한다.

괴테는 만년에도 세 차례의 연애를 했다. 60세에 미나 헤르츨리프라는 여인과 사랑에 빠졌고, 아내 크리스티아네 불피우스가 병으로 세상을 떠난 뒤에는 빌레머 부인과 사랑의 감정을 키워 나갔다. 괴테의 마지막 여인은 19세 처녀 우를리케 폰 레베초였다. 당시 74세였던 그는 체코의 휴양지 마리엔바트(Marienbad, 현 마리안스케 라즈네)로 여행을 갔다가 그녀에게 반했으나 그녀 부모의 반대로 결국 이루어지지 못했다.

1775년, 괴테는 바이마르에서 공직 생활을 하게 된다. 카를 아우구스트 대공의 신임을 받으며 성공적인 공직 생활을 이어 가지만 예술을 향한 갈증에서 비롯된 불안감이 그의 내면에 자리 잡고 있었다. 마침내 괴테는 바이마르 생활 10년 만에 도망치듯 혼자 이탈리아로 여행을 떠난다. 이 여행은 괴테의 사상을 확립하고 가치관을 변화시키며 그의 인생에 전환점이 된다. 이 무렵 괴테는 내적으로 큰 변화를 겪게 된 자신을 이해하지 못하는 오랜 친구들과 결별한다.

다행히 고독한 괴테에게 실러(Friedrich von Schiller, 1759~1805)라는 든든한 친구가 있었다. 괴테와 더불어 또 다른 독일 문학의 거장인 그는 괴테와 함께 「크세니엔」(1795)이라는 시를 썼다. 그러나 1805년 46세의 나이로 실러가 사망하자 괴테는 큰 충격을 받는다.

독일의 작가이자 괴테의 비서 요한 페터 에커만(Johann Peter Eckermann)은 괴테가 세상을 떠나기 전까지 9년간 함께한 조력자였다. 그가 남긴 『괴테와의 대화』를 통해 만년의 괴테의 모습을 엿볼 수 있어 이 작품은 괴테 연구에 중요한 문헌이 되고 있다.

▲ 독일의 시인이자 극작가인 프리드리히 실러는 칸트 철학을 연구하고 발전시켜 괴테와 함께 고전주의 예술 이론을 확립한다. 대표작으로는 「군도」 「음모와 사랑」 「오를레앙의 처녀」 「빌헬름 텔」 등이 있다.

프리드리히 실러는 누구인가 _ 팔로워 2,485,287

#독일의 시인이자 극작가인 프리드리히 실러는 칸트 철학을 연구하고 발전시켜 괴테와 함께 고전주의 예술 이론을 확립한다.

▲ 실러의 모습이 새겨진 메달이다. 독일 튀링겐주 바이마르에는 실러가 살았던 바이마르 실러 하우스가 있다. 이곳에는 실러의 모습이 새겨진 동전과 메달 등이 전시되어 있다.

▶ 러시아 칼리닌그라드에 있는 실러의 기념비다. 실러는 1805년 러시아를 주제로 한 「데메트리우스」를 집필하던 중 급성 폐렴에 걸려 사망한다. 따라서 이 작품은 2막 3장의 미완성 희곡으로 남는다.

실러의 삶의 궤적 _ 팔로워 1,932,475

#1759년생 #독일 마르바흐 #법률과 의학 전공 #「군도」 #「음모와 사랑」 #「오를레앙의 처녀」 #「빌헬름 텔」 #1805년 사망

#괴테와 평생 우정을 나누며 함께 <호렌>지를 제작하고
「크세니엔」이라는 시도 창작했던 독일 문학의 거장 실러! •••

check

□

101

사랑에 빠진 남자

Ein verliebter Mann

save

#사랑 #열정 #바보

▶ 어서 내 뜻대로 해 주시게! 그 애 이웃집 여자와 친분을 쌓아야겠어! 이 악마야, 질척거리지 말고 어서 새로운 보물을 가져 오거라!

여자한테 빠진 저런 바보는 사랑하는 여자에게 갖다 바칠 수만 있다면, 해건 달이건 별이건 모두 공중으로 쏘아 올릴 기세지.

So ein verliebter Thor verpufft Euch Sonne, Mond und alle Sterne Zum Zeitvertreib dem Liebchen in die Luft.

● 『파우스트』

check

☐

102

타오르는 뜨거움

Brennende Hitze

#뜨거움 #영원 #무한 #불멸

▶ 내가 느끼는 이 감정, 밀려드는 이 마음의 이름을 찾아보려 했지만 온갖 감각을 동원해 이 세상을 헤매어도 누구 하나 알려주는 이 없구나. 이 세상에서 최고의 말을 찾아 이 타오르는 뜨거움을 영원이라 무한이라 불멸이라 부른다고 해서 그것이 어찌 악마의 거짓 놀음과 같겠느냐?

Wenn ich empfinde, Für das Gefühl, für das Gewühl Nach Namen suche, keinen finde, Dann durch die Welt mit allen Sinnen schweife.

● 『파우스트』

check
□
103

'너'라는 존재

Die Existenz von „dir“

#기쁨
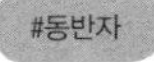

#욕망

▶ 오, 인간에게 완벽한 것은 없음을 이제는 안다. 그대는 내게 신에게 범접할 만한 기쁨을 주었고, 이제 내게 없어서는 안 될 동반자도 주었다. 그 녀석이 버릇없고 쌀쌀맞아 내 눈앞에서 내게 면박을 주고 한마디 말에, 한 번의 입김으로 그대가 준 선물을 무용지물로 만들지만 그 놈은 내 마음속 격렬한 불꽃에 부채질해 아름다운 자태로 타오르게 한다. 그러니, 나는 욕망에서 향락으로 달려들어 향락의 숲에서 새로운 욕망을 찾는다.

Du gabst zu dieser Wonne, Die mich den Göttern nah' und näher bringt, Mir den Gefährten.

● 『파우스트』

check

□

104

벅차고 황홀한

Überwältigend und entzückend

#신비로움 #황홀함 #충만함 #이름

▶ 모든 것이 당신의 머리와 가슴으로 밀려와 영원한 신비로움으로 보일 듯 말 듯 당신 곁을 맴돌고 있지 않소? 당신의 마음을 그것으로 가득히 채우시오. 그리고 그 벅찬 감정으로 황홀함을 느낀다면 그것에 행복! 마음! 사랑! 신! 당신 마음대로 이름을 붙여요. 나는 뭐라고 할지 모르겠어요. 느낌만이 전부요. 이름이란 공허한 울림이자 하늘의 빛을 가리는 뿌연 연기일 뿐이지요.

Name ist Schall und Rauch, Umnebelnd Himmelsgluth.

● 『파우스트』

#벅찬 감정으로 황홀함을 느낀다면 그것에 행복, 마음, 사랑, 신 등 마음 가는대로 이름을 붙여 주어도 좋다. •••

check

☐

105

우리가 함께했던 시간

Die Zeit, die wir zusammen verbracht haben

#시냇물 #사랑 #희망 #추억

▶ 돌밭을 지나 풀밭을 지나 시냇물 개울물 바삐 흘러가네. 물소리인가? 노랫소리인가? 부드러운 사랑의 하소연인가, 천국 같던 시절의 재잘거림인가? 우리의 희망, 우리의 사랑! 그 시절의 속삭임들이 메아리쳐 울리는구나.

Was wir hoffen, was wir lieben! Und das Echo, wie die Sage Alter Zeiten, hallet wieder.

● 『파우스트』

시간이 흘러 연인과 이별하고 상대의 얼굴은 희미해져도 그 사람과 함께 갔던 장소, 함께 먹었던 음식, 함께 본 영화는 잘 잊히지 않는다.

그래서 이별의 후유증을 앓고 있는 사람들은 추억의 장소에 좀처럼 발을 들이지 못하게 된다. 한때는 세상의 전부였던 사람이 이제는 타인처럼, 혹은 남보다 더 못한 사람이 되어 우리의 뜨거운 한 시절로 남는다. 가장 뜨겁고 순수한 시절이었기에 쉽게 잊지 못하는 것이다. 사랑은 끝났지만 추억은 영원히 가슴에 남아 따스한 봄바람에 실려 때로는 가을 낙엽과 바람 소리, 빗소리와 함께, 또 흩날리는 눈송이와 함께 문득 찾아온다. 우리에게 추억이 있는 한, 그 마음이 어딘가에서 여전히 숨 쉬며 살아 있는 한 사랑은 끝나지 않은 것인지도 모른다.

#가장 뜨겁고 순수했던 시절의 속삭임들은 쉽게 잊히지 않고 오래도록 가슴에 남는다.

check

□

106

흩어진 친구들

Verstreute Freunde

#친구 #노래 #불안함 #그리움

▶ 나로부터 멀어져 간 선량한 이들의 이름을 불러본다. 내가 첫 노래를 들려줬던 친구들, 그다음 노래는 듣지 못하는구나. 그 정다웠던 무리는 이제 모두 흩어졌고 아아, 그 첫 번째 울림도 사라져 버렸구나. 내 노래가 낯선 군중 사이에 울리나니 그들의 박수갈채에도 내 마음은 불안하구나. 내 노래에 즐거워했던 친구들이 살아 있다 한들 온 세상에 흩어져 있겠지.

Sie hören nicht die folgenden Gesänge, Die Seelen, denen ich die ersten sang, Zerstoben ist das freundliche Gedränge, Verklungen ach! der erste Wiederklang.

● 『파우스트』

괴테는 37세였던 1786년, 아우구스트 공과 슈타인 부인과 함께 칼스바트에서 머물다 이탈리아로 여행을 떠난다. 10월, 로마에 도착한 그는 티슈바인, 라이펜슈타인 등과 교류하며 고대 유적에 관심을 갖고 연구하기 시작한다. 약 2년 동안 이어졌던 이탈리아 여행은 괴테의 고전주의 예술관 확립에 지대한 영향을 미쳤고, 이 즈음에 그는 오랜 친구와 결별하는 아픔을 겪으며 인생의 전환점을 맞이한다.

성인이 되어 사회에서 만난 친구는 친구라기보다는 동료에 가까운 경우가 많다. 진정한 친구라면 흉금을 터놓을 수 있을 만큼 마음의 거리가 가까워야 하는 법이다. 그러기 위해서는 서로 많은 것들을 보여주고 알아야 하는데, 사회생활을 하면서 가까워진 이들은 거의 업무 관계로 얽혀 있기 때문이다. 물론 사회생활을 하면서 만난 동료가 친구로 발전할 가능성도 있으니 어디까지나 그를 친구 아닌 동료라고 미리 선을 그을 필요는 없다. 철없던 어린 시절의 내 모습을 보며 함께 성장하고, 공유할 추억이 있는 사람을 우리는 친구라 부를 수 있으리라. 다시 돌아갈 수 없는 그리운 한 시절을 함께했다는 것만으로도 소중한 존재가 바로 친구다. 당신과 함께 자란 친구가 어린 날의 그때처럼 여전히 당신 곁을 지키며 당신을 바라보고 있다면, 당신은 세상에서 가장 큰 축복을 받은 것이리라.

check

□

107

행복을 더하다

Glück hinzufügen

save

#친구 #행복 #우정 #진정제

▶ 우리가 항상 자신에게 이렇게 말할 수 있다면 얼마나 좋겠습니까! '친구의 기쁨을 방해하지 않고 그들과 함께 기뻐함으로써 그들의 행복을 더해 주는 일……. 그러한 일이 내가 친구들에게 할 수 있는 유일한 일이라고…….' 만일 친구들의 영혼이 두려움과 근심 걱정으로 괴로움을 당하고 있을 때, 당신은 그들에게 한 방울의 진정제가 되어 줄 수 있을까요?

Du vermagst nichts auf deine Freunde, als ihnen ihre Freuden zu lassen und ihr Glück zu vermehren.

● 『젊은 베르테르의 슬픔』

나누면 반으로 줄어드는 슬픔, 함께하면 배가 되는 기쁨, 우리는 작은 노력으로도 친구의 아픔을 덜어 주고 행복을 증폭시켜 줄 수 있다. 그러나 상대의 마음에 가 닿지 못하는 섣부른 위로는 그저 내 짐을 덜기 위한 위선이 될 수 있기에 우리는 늘 진심을 담아 상대를 이해하며 위로하고 격려해야 한다. 친구가 힘들어하고 있을 때 어떤 말을 꺼내야 할지 모르겠다면, 먼저 그의 이야기에 귀를 기울이자. 그는 자신의 속내를 당신에게 털어놓는 것만으로도 어느 정도 마음의 무게가 덜어질 것이다. 끝까지 다 들었고, 이제 친구가 어느 정도 진정이 됐다는 생각이 들면 그때 당신의 마음을 전하라. 충고나 조언보다는 공감의 한마디가 필요할 수도 있다. 먼저 상대의 마음에 충분히 공감한 후에 조심스럽게 당신의 생각을 전하라. 친구에게 필요한 건 어쩌면 해답이 아닌 내 아픔을 함께하는 마음일지도 모르니까.

이성적이고 논리적인 해결책이 필요한 순간과 따뜻한 공감의 마음이 필요한 순간을 구별할 줄 아는 사람이 되고 싶다. 서로를 신뢰할수록, 우정이 깊을수록 이러한 배려와 이해의 마음은 더욱 커지리라 믿는다.

check

☐

108

우리의 만남

Unser Treffen

save

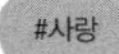

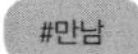

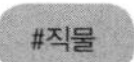

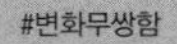

▶ 그녀 앞에만 서면 내 불가사의한 감정이 깨어나 넘쳐흘러 온 자연을 다 감싸 안을 정도가 되지 않았던가? 우리의 만남은 가장 섬세한 감성과 가장 날카로운 지성이 만나 씨줄과 날줄로 교차해 만들어진 직물과도 같은 것이 아니겠는가! 그 직물이 만들어지는 과정에서 생기는 무늬의 변화무쌍함은 창조적이며 천재적임을 각인하는 것 아니고 무엇이겠는가!

War unser Umgang nicht ein ewiges Weben von der feinsten Empfindung, dem schärfsten Witze, dessen Modifikationen, bis zur Unart, alle mit dem Stempel des Genies bezeichnet waren.

● 『젊은 베르테르의 슬픔』

베르테르에게는 누구에게도 털어놓을 수 없는 자신의 마음을 보여 줄 수 있는 친구, 빌헬름이 있었다. 점점 커져만 가는 로테를 향한 마음을 주체할 수 없었던 베르테르는 그에게 편지를 쓰며 자신의 마음을 정리하고 새롭게 다짐한다. 씨줄과 날줄이 교차하듯 이성적인 사람과 감성적인 사람이 만나 직조해 내는 결과물은 얼마나 아름다울까. 내 부족한 점을 보완해 줄 수 있는 친구가 있다면, 나 역시 그 친구의 결핍을 채워 주는 존재가 될 수 있다면 이보다 훌륭하고 완벽한 만남이 어디 있으랴.

진정한 친구란 무엇인지 곰곰이 생각해 본 적이 있다. 아마도 가장 보편적인 정의는 '슬플 때나 기쁠 때 내 곁에서 함께해 주는 사람'일 것이다. 그러나 나는 여기서 더 나아가 좀 더 깊이 고민해 본 적이 있다. 사람이 곤란하거나 위험한 상황에 처했을 때 안타까워하는 것은 인지상정이다. 더구나 친구라면 그 마음의 깊이는 더욱 깊어지고 짙어질 것이다.

그러나 문제는 누군가가 뜻하지 않은 행운을 얻거나 일이 잘 풀려 소위 말하는 '잘나가고' 있을 때다. 우리의 마음은 그에게 축하의 박수를 보내기도 하지만 내심 부러움과 시기, 질투가 솟아나기도 한다. 정도의 차이는 있겠지만, 이것은 친구라고 해서 예외는 아닐 것이다. 다른 사람도 아닌 나와 제일 가까운 친구는 어쩌면 우리에게 가장 직접적인 비교 대상이 될지도 모른다. 친구가 잘되면 물론 기쁘지만, 상대적으로 내가 퇴보한 느낌이 들어 우울해질 수도 있는 것이다.

진정한 친구의 정의를 찾으려다 장황해졌지만, 필자가 내린 결론은 이것이다. 진정한 친구란 내가 잘됐을 때 순도 100퍼센트의 마음으로 기뻐해 줄 수 있는 사람이라는 것. 나에겐 그런 친구가 있는가, 나는 과연 그런 친구가 될 수 있을까. 오늘도 생각의 구름 하나를 머리 위에 띄워 본다.

check

☐

109

내가 존재하는 이유

Der Grund, warum ich existiere

save

#인간 #사랑 #로테 #존재 이유

▶ 이 세상에서 인간을 가장 필요한 존재로 만드는 것은 사랑밖에 없을 것 같네. 로테가 나를 잃고 싶어 하지 않는다는 것을 나는 잘 알고 있네. 아이들은 항상 내가 다음 날 다시 올 것으로 기대한다네. 오늘은 로테의 피아노를 조율해 주려고 그녀에게 갔었네.

Es ist doch gewiß, daß in der Welt den Menschen nichts notwendig macht als die Liebe.

● 『젊은 베르테르의 슬픔』

check

☐

110

영혼의 크나큰 기쁨

Die große Freude der Seele

#사랑 #기쁨 #환희

▶ 나는 참을 길이 없어 그녀에게 가고 말았네. 다시 돌아와서 저녁 식사로 빵을 좀 먹었네. 그러고 나서 자네에게 편지를 계속 쓰려 하네. 여덟 명이나 되는 사랑스럽고 발랄한 어린 동생들에게 둘러싸여 있는 그녀의 모습을 바라보는 일은 나의 영혼에 얼마나 큰 기쁨을 전달해 주는 것인지 모르겠네.

Welch eine Wonne das für meine Seele ist, sie in dem Kreise der lieben, muntern Kinder, ihrer acht Geschwister, zu sehen!

● 『젊은 베르테르의 슬픔』

메마른 가슴을 데우고 적셔 주는 그 이름 사랑, 시간이 흐를수록 처음의 열정은 사그라지고 서서히 식어 갈지라도 그 어느 때보다 열렬하고 뜨거웠던 사랑의 기억은 우리의 마음속에 오래도록 남아 있을 것이다. 사랑으로 고통받으면서도 사랑 때문에 다시 행복해지는 베르테르는 로테의 모습을 그저 바라보는 것만으로도 영혼이 충만해짐을 느낀다. 영혼의 갈증을 채워 주며 풍요롭게 만드는 것만큼 중요한 일이 어디 있으랴. 그것은 사랑 말고는 그 무엇으로도 대신할 수 없는 일일 것이다. 언젠가는 차갑게 식어 버릴 것을 알면서도, 행복했던 만큼 눈물 흘리게 될 것을 알면서도 기꺼이 다시 속아 줄 수밖에 없는 사랑, 끝없이 사랑할 수 있기에 우리는 살아 있고 또 살아가는 것이리라.

check
111
눈멀다
Blind
#작별
#허락
#사랑
#도취
save

▶ 그녀와 작별을 고할 때, 나는 그날 안에 다시 한번 만나고 싶다고 청했네. 그녀는 그것을 순순히 허락했네. 나도 집으로 곧 돌아왔지. 그때부터 해와 달, 별들이 무슨 일을 하는지 의미가 없어졌음은 물론이고, 낮과 밤이 언제 바뀌는지도 알아차릴 수 없게 되었다네. 나를 둘러싸고 있는 모든 세계가 내 주위에서 완전히 사라지고 말았네.

Ich weiß weder daß Tag noch daß Nacht ist, und die ganze Welt verliert sich um mich her.

● 『젊은 베르테르의 슬픔』

언젠가 웹 서핑을 하다가 우연히 보게 된 글이 있다. 어느 날, 엄마가 어린 딸한테 사랑이 뭔지 아느냐고 물었다고 한다. 그러자 아이는 조금의 망설임도 없이 초롱초롱한 눈빛으로 "재롱 잔치 때 엄마가 유치원에 왔을 때 사람들 많았잖아. 그 속에서도 엄마가 제일 먼저 보였어. 그게 사랑이야."라고 답했다는 너무도 사랑스러운 이야기.

수많은 인파 속에서도 선명하게 보이는 것, 아무리 어두워도 밝게 빛나는 것, 필자 역시 그것을 사랑이라고 정의하고 싶다. 로테를 열렬히 사모한 나머지 사랑에 눈이 먼 베르테르는 그녀를 제외한 모든 것들이 의미 없어지고, 오로지 그녀 안에서만 삶의 의미를 찾게 된다. 사랑하는 사람이 내 우주이고 세상인 것. 그 벅차오르는 충만함을, 사랑하고 있는 모든 이들이 온전히 누리기를. 쉽게 찾아오지 않는 감정인만큼 더없이 소중하게 지켜 나가기를.

check

□

112

삶의 의미를 더하는 '사랑'

„Liebe“, die dem Leben noch mehr Bedeutung gibt

#사랑 #불빛 #신비로움 #큰 행복

▶ 만일 사랑이 없다면 우리는 무슨 의미로 산단 말인가! 그런 삶은 불빛 없는 램프 같은 것 아니겠는가! 불빛이 있어야만 우리의 그림자가 흰 벽 위에 가지각색으로 나타나는 게 아니겠는가! 그것이 찰나의 환영에 불과할지라도, 우리가 그 신비로운 영상 앞에서 천진난만한 소년처럼 그 앞에 서서 매료되기만 한다면……. 그것도 우리의 큰 행복이 아니겠는가.

Was ist unserem Herzen die Welt ohne Liebe!

● 『젊은 베르테르의 슬픔』

어제와 다를 것 없는 오늘이, 내일이 설레고 기다려지는 것, 익숙하고 평범한 것들이 모두 아름답게 보이는 것, 내가 사는 이 세상이 전과는 다른 빛으로 눈부시게 빛나는 것, 바로 사랑에 빠진 사람들의 마음일 것이다.

내가 발을 딛고 서 있는 단단한 이 땅이 폭신한 구름처럼 느껴지고, 하늘까지 닿을 수 있을 듯 기분 좋게 달뜬 마음, 생각만 해도 웃음이 나고, 그러다 문득 그리워지고 아련해지는 감정. 한번 빠지게 되면 도저히 헤어 나올 길이 없는, 강력한 만큼 커다란 후유증이 남는 것, 그래서 매일, 매 순간 느끼고 싶지만 그만큼 두렵기도 한 것. 사랑에 빠져 행복한 나날을 보내고 있는 베르테르는 사랑 없는 삶은 상상조차 할 수 없을 만큼 이 위대한 힘을 예찬하고 있다. 언젠가 그로 말미암아 상처받고 눈물 흘리게 될지라도 끝내 포기할 수 없고 놓칠 수 없는 아름답고 애틋한 아픔, 바로 사랑이다.

#사랑하는 사람이 삶의 의미를 더해 준다. •••

check

☐

113

이 세상에서 가장 따뜻한 것

Die warmste Sache der Welt

#대화 #솔직함 #따뜻함 #인간미

▶ 그는 다른 사람과 달리 나와 마음을 툭 터놓고 이야기할 수 있다는 것을 대번에 알아차린 거네. 나와 몇 마디를 나눠 보고서 말이야. 나는 그가 보여 준 솔직한 태도에 찬사를 보내고 싶을 정도라네. 사람을 대할 때 흉허물 없이 대하는 성품을 지닌 사람을 만난다는 것은 참으로 기쁜 일이지. 이 세상에서 그것보다 더 따뜻한 것은 별로 없을 것 같네.

So eine wahre, warme Freude ist nicht in der Welt, als eine große Seele zu sehen, die sich gegen einen öffnet.

● 『젊은 베르테르의 슬픔』

처음 만나도 마치 오래 만난 것처럼 편안한 사람이 있다. 그런 사람은 아마도 상대를 배려하는 태도가 몸에 배인 사람일 것이다. 말을 하기보다는 들어주고 적절한 위트로 편안한 분위기를 만드는 사람은 굳게 닫혔던 상대의 빗장마저 풀어 버린다.

살면서 그런 사람을 만나는 것은 쉽지 않은 일이기에, 만약 그런 사람을 만나게 된다면 관계를 지속하기 위해 부단히 애써야 할 것이다. 인간관계는 어느 한쪽만 잘한다고 해서 유지될 수 있는 것이 아니기에, 상대가 배려한 만큼 나 또한 노력해야 한다는 것을 기억하면서. 감추고 싶어 깊숙이 숨겨 두었던 마음을 보여 줘 본 사람이 있는가. 그는 지금 어디에 있는가. 여전히 곁에 있다면, 당신은 분명 세상에서 가장 든든한 보물을 가진 사람이리라.

check

□

114

'첫사랑'의 아름다움

Die Schönheit der „ersten Liebe“

save

#첫사랑 #아름다움 #극강의 행복

▶ 한 사람이 일평생 한 번 느끼는 가장 아름다운 순간을 사람들은 보통 첫사랑이라 한다. 이에 우리의 주인공은 유독 행복한 사람이다. 그는 두 번 다시는 맛보지 못할 행복을 만끽하고 있기 때문이다. 아주 소수의 사람만이 느끼는 극강의 행복을 누리고 있다.

Wenn die erste Liebe, wie ich allgemein behaupten höre, das Schönste ist, was ein Herz früher oder später empfinden kann.

● 『빌헬름 마이스터의 수업시대』

check

□

115

충만한 소확행

Voller kleiner und sicherer Glückseligkeit

#충만한 사랑 #행복 #소소함 #웃음

▶ 서로의 충만한 사랑은 아주 조그만 것에도 행복을 가져다주는 법이다. 이 둘 또한 그날 저녁 부족함 없이 즐거운 시간을 만끽했다. 그들은 소규모 극단을 찬찬히 둘러보며 각 인물들을 관찰하고 터져나오는 웃음을 감추지 못했다.

Es bedarf nur einer Kleinigkeit, um zwei Liebende zu unterhalten.

● 『빌헬름 마이스터의 수업시대』

check

□

116

모조리 다 공유하고픈

Man möchte alles teilen

#사랑 #상상력 #공유 #과거

▶ 자그마한 상상력이라도 좋으니 나 없이 지나온 당신의 삶에 참여할 수 있도록 해 주세요. 모든 걸 공유해 주세요. 나 역시 모든 걸 내보일 게요. 서로에게 거짓말일지라도 우리가 사랑하지 못한 채 넘어 버린 그 시간을 다시 찾아봅시다.

Laß mich wenigstens durch die Einbildungskraft teil an deinem vergangenen Leben nehmen!

● 『빌헬름 마이스터의 수업시대』

#대부분 사람은 사랑하는 사람과 많은 것을 공유하기를 원한다.

check

☐

117

오늘의 당신

Das Du von Heute

#사랑 #연결 #당신의 가치

save

▶ 오늘의 당신은 이 세상에 존재하는 모든 끈으로 나와 연결되었습니다. 그렇기에 당신은 내게 없어서는 안 되는 사람이 되어 버렸습니다.

Da er mit allen Banden der Menschheit an sie geknüpft war.

● 『빌헬름 마이스터의 수업시대』

check
□
118

'사랑'이라는 이름의 물감

Eine Farbe namens „Liebe“

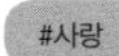

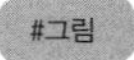

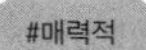

▶ 이런 수많은 생각을 사랑이라는 이름의 물감을 사용해 안개를 배경으로 그림으로 풀어냈다. 도화지에 그려진 형상들은 무엇인지 구분이 안 될 정도로 희미했으나, 사람에게 전달되는 인상은 너무나 매력적이었고 선명했다.

Er bildete aus den vielerlei Ideen mit Farben der Liebe ein Gemälde auf Nebelgrund.

● 『빌헬름 마이스터의 수업시대』

check

□

119

마냥 행복한 시기

Nur glückliche Zeiten

#사랑 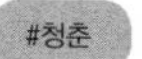

#어린아이

▶ 청춘은 그저 행복하지. 사랑이라는 욕구를 처음으로 맛보는 시기. 사랑에 빠진 이들은 몇 시간이고 메아리와 함께 즐거이 노래하지. 어린아이처럼. 재잘거리는 수고를 혼자 모두 떠안고는 보이지 않는 사랑이 짤막하게 내뱉은 마지막 음절만을 따라할 뿐이라도, 그것마저 행복한 어린아이.

Die Unkosten des Gespräches allein trägt und mit der Unterhaltung wohl zufrieden ist, wenn der unsichtbare Gegenpart auch nur die letzten Silben der ausgerufenen Worte wiederholt.

● 『빌헬름 마이스터의 수업시대』

check

□

120

사랑을 위한 다짐

Entschlossenheit zur Liebe

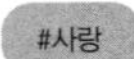

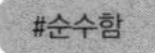

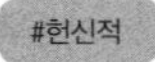

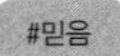

▶ 저는 당신의 삶을 이해합니다. 제 행동에서 오로지 사랑하는 이만 걱정하는 순수하고 헌신적인 사랑을 보지 못하신다면, 저는 가장 불쌍한 인간입니다. 저를 믿고 가만히 기다려 주세요. 우리는 이제 하나입니다. 서로를 위해 나아간다면 우리가 잡은 이 손을 놓거나, 서로를 잃어버리는 일은 없을 것입니다.

Wir gehören einander an, und keins von beiden verläßt oder verliert etwas, wenn wir füreinander leben.

● 『빌헬름 마이스터의 수업시대』

check

□

121

'사랑'을 걱정한다면

Wenn du dir Sorgen um „Liebe" machst

save

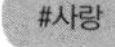

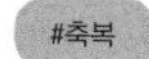

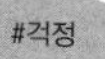

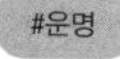

▶ 우리는 이미 사랑의 온갖 행복을 나눈 사이입니다. 우리의 영원한 사랑을 확신한다는 것은 또 다른 축복입니다. 어떻게, 왜라고 묻지 말아 주세요. 사랑을 걱정하는 이들은 걱정할 필요가 없습니다. 그 걱정은 운명의 몫입니다. 주제를 아는 사랑은 운명이 보살펴 줄 것입니다.

Das Schicksal sorgt für die Liebe, und um so gewisser, da Liebe genügsam ist.

● 『빌헬름 마이스터의 수업시대』

check

□

122

지금 맞닿은 눈길

Blicke, die sich gerade berühren

save

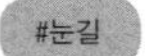

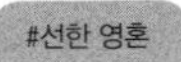

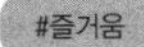

▶ 서로의 눈길이 맞닿는 것은 그들에게 말로 표현할 수 없는 즐거움이었다. 그 두 선한 영혼은 더한 열망을 갈구하거나 그 어떤 결말을 걱정하지 않았다. 그저 지금 맞닿은 눈길에 온 정신을 맡겼다.

Sich wechselseitig anzusehen war ihnen ein unauss prechliches Vergnügen, dem sich ihre harmlosen Seelen ganz überließen, ohne lebhaftere Wünsche zu nähren oder für irgendeine Folge besorgt zu sein.

● 『빌헬름 마이스터의 수업시대』

check

☐

123

규정하지 않아도

Auch wenn es nicht definiert ist

#사랑 #관심 #공유 #함께

▶ 그는 제 주변에서 일어나는 모든 일에 하나하나 관심을 보였어요. 그처럼 완벽하게 의견을 공유하고 세상을 함께하는 것은 상상조차 할 수 없어요. 사랑이란 단어를 입 밖으로 내진 않았습니다. 그저 그는 갔다 오고, 왔다 가곤 했지요.

Er ging und kam, kam und ging.

● 『빌헬름 마이스터의 수업시대』

check

☐

124

사랑에 빠졌을 때

Wenn man verliebt ist

#사랑 #버림 #희망

save

▶ 우리가 사랑에 빠지면 상대방의 사랑을 얻기 위해 가진 모든 특권을 상대방의 발치에 던져 버리고 말지요. 저 역시 다 알면서도 제가 가진 모든 것을 버린 것입니다. 하지만 이제 저는 모든 희망 또한 버리고자 합니다.

Weiber zu heißen, und alle diese Vorzüge legen wir euch zu Füßen, sobald wir lieben, sobald wir hoffen, Gegenliebe zu erwerben.

● 『빌헬름 마이스터의 수업시대』

check

☐

125

조용한 위로

Leiser Trost

#용서 #견고한 우정 #베르너 #고통

▶ 그녀가 용서를 구할 가능성은 없는 것일까? 정녕 그런 일은 일어날 수 없는 것일까? 그는 쏟아지는 눈물을 막지 않았다. 그 순간 오랫동안 견고해진 우정은 다시금 빛을 발했다. 베르너는 그 통증의 몸부림이 사그라들기를 묵묵히 기다렸다.

Auch hier übernahm die ausdauernde Freundschaft wieder ihr Amt.

● 『빌헬름 마이스터의 수업시대』

check

□

126

인생의 등대

Leuchtturm des Lebens

save

#인간 #곤경 #도움 #좋은 친구

▶ 그 남자는 무심한 듯 말이 없었지만, 그에게 새로운 생각, 지금 상황에 맞는 생각들을 할 수 있게 도와줬다. 인간이란 본인의 역량, 능력, 이해력이 폭발적으로 성장하는 그 시기에 누구나 곤경에 빠지기 마련이다. 그 어려움 속에서 좋은 친구는 당신이 쉽게 헤어 나올 수 있도록 손을 내밀 것이다.

Der Mensch kommt manchmal, indem er sich einer Entwicklung seiner Kräfte, Fähigkeiten und Begriffe nähert, in eine Verlegenheit, aus der ihm ein guter Freund leicht helfen könnte.

● 『빌헬름 마이스터의 수업시대』

check

☐

127

'함께'가 주는 힘

Die Kraft von „zusammen"

save

#곤경 #도움 #타인의 힘

▶ 그는 숙소를 코앞에 둔 채 물에 빠져 버린 나그네와 같으며, 누군가 손을 내밀어 그를 구해 준다면 그는 그저 옷을 조금 적신 것에 지나지 않을 것이다. 그러나 만약 그가 혼자 힘으로 살아나와 건너편 기슭에 도착하더라도 본인이 원하는 도착점에 갈 때까지 먼 길을 돌아야만 한다는 것이다.

Griffe jemand sogleich zu, risse ihn ans Land, so wäre es um einmal naß werden getan, anstatt daß er sich auch wohl selbst, aber am jenseitigen Ufer, heraushilft und einen beschwerlichen, weiten Umweg nach seinem bestimmten Ziele zu machen hat.

● 『빌헬름 마이스터의 수업시대』

check

☐

128

가난한 자들의 특혜

Vorzug der Armen

#최고의 행복

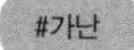

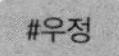

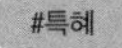

▶ 우리가 최고라고 생각하는 행복은 마음속 깊은 곳으로부터 우러나오는 행복이지요. 그들은 아무리 역동적인 감정을 느껴도 최고의 행복을 느끼긴 힘들지요. 아무것도, 정말 아무것도 갖지 못한 우리 가난한 사람들만이 우정이란 행복을 잔뜩 맛볼 수 있는 특혜를 갖고 있는 것입니다.

Nur uns Armen, die wir wenig oder nichts besitzen, ist es gegönnt, das Glück der Freundschaft in reichem Maße zu genießen.

● 『빌헬름 마이스터의 수업시대』

check

☐

129

'순수한 감정'의 힘

Die Kraft „reiner Emotionen“

save

#칭찬 #순수함 #친구 #평온함

▶ 타인에게 칭찬을 함으로써 그에게 이러한 본능이 일도록 자극하지 않으면 안 됐습니다. 그는 순수한 감정을 가졌기에 진실한 사람들을 알아볼 수 있었고, 친구가 솔직히 털어 놓는 마음속 깊은 이야기에 평온함을 느끼는 그 순간을 감사히 여길 줄 알았습니다.

Rein fühlend, kannte er die Redlichen und wußte die Ruhe zu schätzen die ein aufrichtiges Gemüt an dem offnen Busen eines Freundes genießt.

● 『빌헬름 마이스터의 수업시대』

check

□

130

타인을 알아가는 방법

Wie man andere kennenlernt

#좋은 모습 #이해 #만족감 #온전함

▶ 당신이 우리에 대해 알고자 하신다면 우리의 제일 좋은 모습을 먼저 보셔야 해요. 그 후에야 당신이 우리 마음을 들여다보는 것을 허락할 수 있습니다.

Erst von der besten Seite kennenlernen, eh wir zugeben, daß Sie uns in die Karte sehen.

● 『빌헬름 마이스터의 수업시대』

check

☐

131

사랑아, 사랑아

Liebe, Liebe

save

#황금빛 사랑 #찬란함 #축복

▶ 산기슭에 걸린 구름같이 찬란한 황금빛 사랑아, 사랑아. 너는 파아란 들을, 꽃으로 하얗게 뒤덮인 가득 찬 세계를 장대하게 축복한다.

O Lieb', o Liebe, So golden schön, Wie Morgenwolken Auf jenen Höhn.

● 「5월 봄의 축제」

check

☐

132

사랑하는 너에게

An dich, den ich liebe

#사랑 #노래 #행복 #용기

▶ 내가 뜨거운 피로 너를 사랑하듯 내 노래에 젊음과 행복 그리고 용기를 깃들게 하는 너를 영원히 행복하게 하라! 나에 대한 네 사랑처럼.

Die du mir Jugend Und Freud und Mut Zu neuen Liedern Und Tänzen gibst!

● 「5월 봄의 축제」

check

□

133

사랑의 눈물

Tränen der Liebe

#눈물 #쓸쓸함 #메마름

save

▶ 반만 흐르는 눈물에는 아, 세상이 얼마나 쓸쓸하고 메말라 보일까. 그치지 마라, 그치지 마라, 영원한 사랑의 눈물아.

Trocknet nicht, trocknet nicht, Tränen unglücklicher Liebe!

● 「비애의 기쁨」

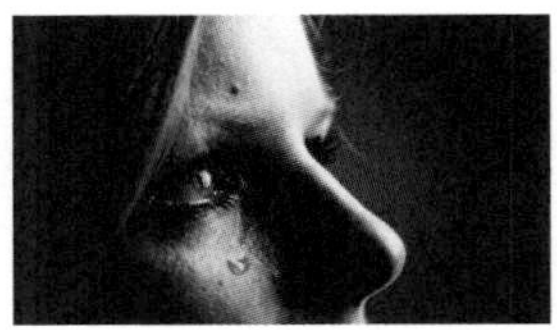

check

□

134

나는 모른다

Ich weiß nicht

save

#사랑

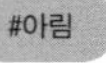

#아림

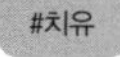

#치유

▶ 내가 당신을 사랑하는지 나도 모릅니다. 그저 단 한 번 당신의 얼굴을, 당신의 눈을 보는 것만으로 가슴속 아림이 모두 사라집니다.

Seh ich nur einmal dein Gesicht, Seh dir ins Auge nur einmal, Frei wird mein Herz von aller Qual.

● 「내가 너를 사랑한다면」

#사랑을 한마디로 정의하기는 힘들지만, 사랑하는 사람의 눈을 보는 것만으로도 평온을 찾게 된다.

check

□

135

너의 눈길

Dein Blick

#사랑 #눈짓 #행복

save

▶ 너의 눈짓에 햇살이, 행복이 내게 깃든다. 나와 너의 이름을 새긴 나무 한 그루, 행복을 날려 버리는 거센 바람에 질려 버린다. 언덕 위 아득한 초록빛도 내 얼굴처럼 잿빛으로 변한다.

In einem deiner Blicke Liegt Sonnenschein und Glück.

●「회색으로 물든 아침」

check

□

136

우리를 잇는 끈

Die Schnur, die uns verbindet

save

#그리움 #연결 #바람

▶ 내가 가진 그리움을 헤아려 순순히 내게 손을 다오. 우리 둘을 잇는 이 끈이 부디 약하디약한 꽃잎으로 만든 끈이 아니기를 바란다.

Und das Band, das uns verbindet, Sei kein schwaches Rosenband!

●「색 입힌 끈」

check

☐

137

결국 나는 너에게

Schließlich, ich zu dir

save

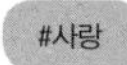

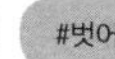

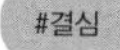

▶ 나는 그 사람에게서 벗어나고 싶다. 마음을 단단히 붙잡아 달아나 보려 한다. 아, 내 걸음은 결국 그 사람을 향하는구나.

Führet mich im Augenblick, Ach, mein Weg zu ihr zurück.

● 「새로 싹트는 사랑, 새로 시작되는 삶」

check

☐

138

당신을 사랑하지 않는다면

Wenn ich dich nicht liebe

save

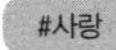 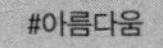

#사랑 #아름다움 #기쁨

▶ 릴리, 내 당신을 사랑하는 마음이 없다면 이 경치가 얼마나 아름답게 다가오겠습니까.

릴리, 내 당신을 사랑하지 않는다면 내가 기쁨에 취해 바라보는 경치가 어디 있겠습니까.

Fänd' ich hier und fänd' ich dort mein Glück?

● 「산을 보며」

check

☐

139

내 마음에 깃든 당신

Du in meinem Herzen

#사랑 #골짜기 #구름 #마음

▶ 아름다운 골짜기에서, 눈에 덮여 새하얀 언덕에서 네 모습은 언제나 내 곁에 있었다. 뽀얀 구름 속 네가 내 곁을 맴돌았다. 너는 그곳이 아닌 내 마음에 깃들어 있었구나.

Im Herzen war mir's da.

●「릴리」

check

□

140

첫사랑의 아련함

Die Ohnmacht der ersten Liebe

save

#풋사랑 #빛남 #행복 #과거

▶ 아, 누가 찾을 수 있겠는가. 그 빛나는 나날을, 풋사랑의 나날을. 아, 누가 찾을 수 있겠는가. 그 행복한 시절의 한 조각을.

Ach, wer bringt die schönen Tage, Jene Tage der ersten Liebe.

●「지나간 첫사랑」

check

□

141

네가 떠오른다

Du kommst mir in den Sinn

#사랑 #떠올림 #언제나

▶ 눈부신 해가 바다 위에 그려질 때 나는 너를 떠올린다. 어둠 속 밝은 달빛이 무색의 물을 물들일 때 나는 너를 떠올린다. 길가에 먼지가 날릴 때도 나는 너를 떠올린다. 나는 언제나 너의 곁에 있었고, 떨어져 있어도 너는 내 곁에 있었다.

Ich denke dein, wenn mir der Sonne Schimmer Vom Meere strahlt.

● 「연인의 곁」

check

☐

142

꽃다발에 건네는 인사

Grüße an den Blumenstrauß

save

#사랑 #꽃다발 #인사

▶ 내가 만든 꽃다발은 너에게 몇 천 번이나 인사를 건넨다. 나는 꽃다발에 고개를 숙인다. 아마 천 번, 아니 십만 번 그리고 품 안에 끌어안는다.

Ich habe mich oft gebücket.

● 「꽃다발」

check

□

143

사랑하지 않는다면

Wenn man nicht liebt

#사랑 #방황 #무덤

▶ 머리와 심장이 미친 듯 움직인다면 이보다 좋은 일이 어디 있을까! 더는 사랑하지도, 방황하지도 않는 사람은 스스로 무덤으로 들어가는 게 나을 것이다!

Wer nicht mehr liebt und nicht mehr irrt, Der lasse sich begraben!

● 「최고」

#아마도 사랑은 머리와 심장이 미친 듯 움직이는 게 아닐까? •••

check

☐

144

행복을 들이마시다

Glück einatmen

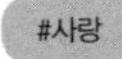

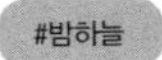

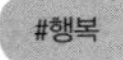

▶ 밤하늘에는 반짝거리는 별들이 촘촘하게 빛나고 있었다. 오밤중에. 내가 어른이 되고 넓은 세상에 발 디딘 후 사랑하는 네가 보고 싶어 찾아갈 때면, 머리 위 밤하늘에는 별과 북극광이 다투고 있었다. 오고 가는 길에서 나는 행복을 들이마셨다. 오밤중에.

Gestirn und Nordschein über mir im Streite, Ich gehend, kommend Seligkeiten sog. Um Mitternacht.

● 「자정」

check

☐

145

그래도 사랑할 것이다

Ich werde dennoch lieben

save

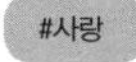 #사랑 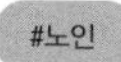 #노인 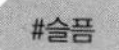 #슬픔

▶ 그래, 건실한 노인인 너는 슬퍼할 이유가 없다. 머리가 새하얗게 셀지라도 사랑을 느낄 것이다.

Sind gleich die Haare weiß, Doch wirst du lieben.

● 「상태」

check

☐

146

숨길 수 없는 것

Was nicht versteckt werden kann

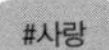

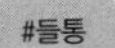

#숨길 수 없는 것

▶ 숨길 수 없는 것은 무엇인가. 불. 해가 떠 있을 땐 연기가 나 들키고, 어둑한 밤에는 밝은 불꽃이 일어 들킨다. 더 들키기 쉬운 건 누가 뭐래도 사랑이다. 가만히 마음에만 품고 있어도 너무나 쉽게 눈에 띈다.

Ferner ist schwer zu verbergen auch Die Liebe; noch so stille gehegt.

●「진실」

check

☐

147

가장 묘한 책

Das seltsamste Buch

#사랑 #행복 #괴로움 #슬픔

▶ 세상의 수많은 책 중 가장 묘한 책은 사랑의 서적입니다. 저는 그것을 탐독했습니다. 행복을 기술한 장은 적고, 괴로움으로 가득 차 있었습니다. 헤어짐은 장 하나를 빼곡히 채웠고, 재회는 아주 단편에 지나지 않았습니다. 슬픔은 끝없이 이어졌습니다.

Wunderlichtstes Buch der Bücher ist das Buch der Liebe.

●「입문서」

check

☐

148

누구도 막을 수 없는

Niemand kann aufhören

save

#사랑 #노래 #막을 수 없는 것

▶ 새들에게 들판에 가만히 있으라고 누가 말할 수 있습니까. 누가 양들에게 털을 밀 때 움직이지 말라고 감히 말할 수 있단 말입니까. 어느 누가 막을 수 있단 말입니까. 하늘에 대고 목청껏 노래하는 것을. 내가 어떤 사랑을 받았는지 구름에 떠들어 대는 것을.

Nach Lust zum Himmel hinan Den Wolken zu vertrauen Wie lieb sie mir's angetan?

● 「필연」

check

□

149

사랑, 그리고 술

Liebe und Alkohol

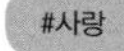
#사랑

#술
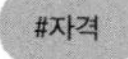
#자격

save

▶ 술에 나를 맡길 수 없다면 사랑을 할 자격이 없다는 내 생각은 거짓이 아니다. 하지만 술꾼들이여, 당신들이 더 괜찮다는 생각은 말게. 사랑을 할 수 없다면 술에 취할 자격도 없다.

Wenn man nicht lieben kann, Soll man nicht trinken.

● 「술만 마시면」

괴테가 '사랑과 우정'에 관해 말을 전하다

check

❶ 사랑에 빠진 남자는 사랑하는 여자에게 갖다 바칠 수만 있다면, 해건 달이건 별이건 모두 공중으로 쏘아 올릴 기세가 되어 바보가 된다.

❷ 친구들의 영혼이 두려움과 근심 걱정으로 괴로움을 당하고 있을 때, 그들에게 한 방울의 진정제가 되어 줄 수 있는가?

❸ 그녀 앞에만 서면 내 불가사의한 감정이 깨어나 넘쳐흘러 온 자연을 다 감싸 안을 정도가 되지 않았던가?

❹ 사랑에 눈멀게 되는 순간, 나를 둘러싸고 있는 모든 세계가 내 주위에서 완전히 사라진다.

❺ 이 세상에서 인간을 가장 필요한 존재로 만드는 것은 '사랑'이다.

❻ 사람을 대할 때 흉허물 없이 대하는 성품을 지닌 사람을 만난다는 것은 참으로 기쁜 일이며 이 세상에서 그것보다 더 따뜻한 것은 별로 없다.

❼ 한 사람이 일평생 한 번 느끼는 가장 아름다운 순간은 '첫사랑'이다.

❽ 서로의 충만한 사랑은 아주 조그만 것에도 행복을 가져다준다.

❾ 사랑에 빠진 이들은 어린아이처럼 몇 시간이고 메아리와 함께 즐거이 노래한다.

Part 6 괴테가 '이별'에 관해 말하다

여러 분야에서 큰 성과를 남기고 세상을 떠나기 전까지 연애한 불꽃같은 삶, 괴테의 열정

#열정적 #연애 #예술적 영감 #연인 #『친화력』 #『서동시집』 #『마리엔바트의 비가』 #실연 #낙관적 #울림 #교훈

425,687

▶ 앞서 언급했듯 83년의 생애 동안 괴테는 열정적인 삶을 살았다. 문학뿐만 아니라 철학, 식물학, 광물학, 지질학, 색채론 등 여러 분야를 섭렵해 성과를 남겼고, 여성 편력 또한 화려해 만년까지 연애를 했다. 괴테에게 예술적 영감을 준 동지이자 연인 샤를로테 폰 슈타인, 소설 『친화력』(1809)의 모델이 된 미나 헤르츨리프, 신분 차이를 극복하며 마침내 정식 부인이 된 크리스티아네 불피우스, 아내와 사별 후 만난 빌레머 부인과 그녀를 향한 마음을 담은 『서동시집』(1819), 이루어지지 못했으나 괴테의 마지막 사랑이었던 우를리케 폰 레베초와 그녀를 향한 연모의 마음을 담은 시집 『마리엔바트의 비가』(1823) 등을 통해 알 수 있다. 실제로 이 작품은 실연의 아픔으로 좌절감과 격정에 휩싸인 괴테가 단 하루 만에 완성한 작품이다.

세상을 떠나는 날까지 펜을 놓지 않았고 연애를 멈추지 않았던 괴테의 열정은 생의 마지막까지 뜨겁게 타올랐다. 사랑의 경험이 많았던 만큼 실연의 아픔 또한 많았기에 그토록 절절하고 가슴 아픈 수많은 작품들을 남겼으리라. 매 순간에 충실하고 현재를 살아내며 기꺼이 즐기려 했던 괴테의 낙관적이고 열정적인 삶은, 힘겨운 현실에 쉽게 좌절하고 어려운 일은 회피하며 소극적인 삶을 살아가는 현대인들에게 작지 않은 울림을 줄 것이다.

▲ 독일 바이마르에 있는 크리스티아네 불피우스의 무덤이다. 괴테는 1788년 바이마르에서 자신보다 16세 연하였던 크리스티아네를 만나 18년간 동거한 후 1806년에 결혼한다. 이렇게 해서 크리스티아네는 괴테가 만났던 많은 여인들 가운데 유일한 부인이 된다.

check

□

150

완전히 사라진 평온함

Die vollständig verschwandene Ruhe

#평온함 #무덤 #사라진 평화 #쓴맛

▶ 평온함은 사라졌고 마음은 시리구나. 사라진 그 평화 다시는 없으리. 그대 없는 이곳은 내게는 무덤과 같으니 세상은 그저 쓴맛만 나는구나. 불쌍한 내 머릿속은 점점 미쳐 가고 가여운 내 마음속은 멍해져 가는구나. 평온함은 사라졌고 마음은 시리구나. 사라진 그 평화 다시는 없으리.

Wo ich ihn nicht hab' Ist mir das Grab, Die ganze Welt Ist mir vergällt.

● 『파우스트』

나를 둘러싼 세계가 무너져 버리는 듯, 이 세상이 끝난 것만 같은 고통, 어제와 같은 오늘인데 한순간에 천국에서 지옥이라는 나락으로 떨어진 참담한 심정, 나는 이렇게 죽을 만큼 괴로운데 세상은 아무 일 없다는 듯 매정하리만큼 태연하게 돌아간다.

그럼에도 우리는 살아가야 하니까 힘겨운 시간을 버티고 이겨 내야 한다. '시간이 약'이라는, 그 순간에는 절대 와 닿을 수 없는 말을 아주 조금이라도 받아들이려 노력해야 한다. 결국 시간만이 모든 괴로움을 덜어 줄 테니까. 없었던 일로 만들 순 없어도 나아지게 할 순 있으니까. 시간이 흐르면 상처도 희미해지고 새로운 사람이 들어올 자리가 생긴다는 것을 모두가 알고 있지 않은가. 많이 사랑했다면 많이 아픈 건 당연한 일이다. 사랑의 대가가 이리도 가혹하다는 것을 알았다면 시작도 안 했을 거라며 또다시 괴로워할 우리, 그럼에도 언젠가는 또다시 시작하게 될 사랑. 사랑 때문에 힘겨워하는 사람들이여, 마음껏 괴로워하고 아파하자. 그리고 다시 또 시작하자.

#이별로 말미암아 많이 힘들다면, 마음껏 괴로워하고 아파해도 된다. 그런 후 다시 시작하면 된다. ...

check

☐

151

이해하지 못한 채

Ohne zu verstehen

#사랑 #이별 #답답함 #이해

save

▶ 나는 모자를 집어 들며 말했네. 아아, 내 마음은 너무 답답했네. 우리는 서로를 이해하지 못한 채 헤어졌다네. 이 세상에서 다른 사람의 생각을 이해하는 일이 가장 어려운 것 같네.

Wie denn auf dieser Welt keiner leicht den andern versteht.

●『젊은 베르테르의 슬픔』

나 아닌 다른 사람을 이해하기 위해 노력한다는 건, 기꺼이 내 시간과 마음을 상대에게 내어 주는 일이다. 시간과 마음을 들여 애쓰는 일, 그러므로 이해도 결국 사랑이다. 나와 다름을 틀림이 아닌 것으로 받아들이는 일, 그것을 받아들이기 위해 좀 더 노력하는 일, 이해란 이렇듯 쉽지 않은 것이고 한다고 해도 온전히 이뤄 낼 수 없는 것이다.

누군가를 온전히 위로하고 또 사랑하려면 이해가 선행되어야 한다. 이해 없는 위로와 사랑은 상대의 가슴에 구체적으로 가 닿지 못하기에. 따뜻한 위로와 격려, 그리고 사랑을 전하려는 그대들이여, 있는 그대로의 모습으로 상대를 받아들이고 더 나아가 이해해 보자. 이해라는 배려와 함께 전달된 마음이야말로 진정한 사랑일 것이다.

check

□

152

그립고 괴롭다

Ersehnt und schmerzhaft

#사랑 #그리움 #괴로움 #고통

▶ 그리움은 아는 이만이 내 그리움을 알 것이다. 홀로, 모든 행복을 등지고 앉아 저 먼 허공을 응시한다. 날 사랑하고 날 알아주는 이는 너무나 먼 곳에 있다. 아, 눈앞은 어지럽고 내 가슴은 타는구나. 이 괴로움, 그리움을 아는 자만이 알지 않겠는가!

Nur wer die Sehnsucht kennt, Weiß, was ich leide!

● 『빌헬름 마이스터의 수업시대』

check

☐

153

미치지 않기 위해

Um nicht verrückt zu werden

save

#사랑 #고행 #긴장 #방황

▶ 가장 신뢰하는 남자니 솔직히 말하겠습니다. 사람이 억지로 자기 자신으로부터 멀어지려 노력하는 것은 엄청난 고행이란 말입니다! 제가 가진 분별력은 고심하는 마음에 흔들리고 제 머리는 잔뜩 긴장하고 있습니다. 미치지 않기 위해 저는 사랑이라는 감정에 결국 저를 맡겨 버리는 것이지요.

Mein Freund, mein Vertrauter, welche entsetzliche Arbeit ist es, sich mit Gewalt von sich selbst zu entfernen!

● 『빌헬름 마이스터의 수업시대』

check

☐

154

이별의 쓰라림

Bitternis des Abschieds

save

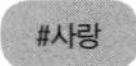

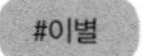

#나의 노래

▶ 사랑하는 그녀만을 위해 노래했거늘, 이제 그 사람은 날 비웃고 있네. 내 노래는 그저 물 위에 쓰인 것 같네. 물결 따라 흘러 사라져 버려라.

Ihr sanget nur von meiner Lieben Nun spricht sie meiner Treue Hohn.

● 「아름다운 강가에서」

check

☐

155

이별은 눈으로 하겠소

Mit den Augen verabschieden

save

#사랑 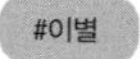 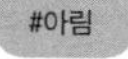 #이별 #아림 #애절함

▶ 이별의 언어는 입이 아닌 눈으로 하겠소! 견딜 수 없는 이 아림! 언제나 꿋꿋이 살아왔는데. 사랑의 징표도 이별 앞에서는 애절함이 되는 것.

Laß mein Aug den Abschied sagen, Den mein Mund nicht nehmen kann!

● 「헤어짐」

check

☐

156

Nie wieder

#사랑 #이별 #쓸쓸함

▶ 다시는 널 위한 꽃을 꺾지 않겠다. 프란체스카여, 봄이라는데 내게는 그저 쌀쌀한 가을이로구나.

Doch ich pflücke nun kein Kränzchen, Keine Rose mehr für dich.

●「헤어짐」

check

□

157

생채기가 남기는 흔적

Spuren von Kratzern

#사내아이 #들장미 #상처 #흔적

save

▶ 사내아이는 말했다. "들장미, 널 꺾어야겠어!" 꽃이 대답했다. "네 손을 찔러 영원히 날 잊지 않게 흔적을 남길 거야. 난 그렇게 쉽게 꺾이지 않을 거야."

Ich steche dich, Daß du ewig denkst an mich, Und ich will's nicht leiden.

● 「들에 핀 장미」

check

□

158

이별한 후

Nach dem Abschied

save

#사랑 #이별 #불안 #무거움

▶ 내 안정감은 사라지고, 내 마음은 무겁게 눌려 있다. 애타게 돌아오길 바라지만, 안정감은 끝내 돌아오지 않았다.

Meine Ruh' ist hin, Mein Herz ist schwer.

● 「물레를 돌리며」

check

□

159

요동치는 그리움

Tobende Sehnsucht

#사랑 #이별 #그리움 #입맞춤

save

▶ 그 사람이 그리워 내 마음은 요동치고, 아, 그 사람을 품에 안을 수 있다면 모든 것이 다할 때까지 입을 맞추리.

Ach dürft ich fassen Und halten ihn! Und küssen ihn So wie ich wollt', An seinen Küssen Vergehen sollt'!

● 「물레를 돌리며」

check

□

160

사랑의 추억

Erinnerungen an die Liebe

▶ 흩어져 버린 행복의 기억이여, 오늘도 나는 너를 목에 걸고 있다. 너는 마음의 연대보다도 더 질기게 우리를 잇고 있구나. 어찌 짧았던 사랑의 추억을 늘리는 것인가.

Angedenken du verklungner Freude, Das ich immer noch am Halse trage.

● 「목에 걸린 황금빛 마음」

check

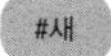

161

더는 예전이 아닌

Nicht mehr wie früher

save

#새 #굴욕의 흔적 #손때

▶ 새가 옭아맸던 실을 끊고 숲으로 돌아갈지라도, 매여 있던 굴욕의 흔적으로 한 가닥의 실오라기는 여전히 달려 있다. 새는 더는 예전의 자유로운 새가 아니다. 이미 누군가의 손때가 묻어 버린 것이다.

Er ist der alte freigeborne Vogel nicht, Er hat schon jemand angehört.

●「목에 걸린 황금빛 마음」

check

□

162

흘러가 버린 행복

Das zerflossene Glück

#그리움 #행복 #슬픔 #외로움

▶ 기뻤던 일, 서글펐던 일 모두 마음속에 피어오르면, 행복과 슬픔 그 사이 걷잡을 수 없이 외로이 홀로 헤맨다. 흘러라, 흘러라, 강아, 내 행복은 돌아오지 않을 것이다.

Rausche, Fluss, das Tal entlang, Ohne Rast und Ruh, Rausche, flüstre meinem Sang Melodien zu.

●「달과 함께」

check

☐

163

사무치는 그리움

Die tiefgehende Sehnsucht

#사랑 #그리움 #갈망 #슬픔

save

▶ 아, 나를 사랑하는 이는 너무나 멀리 있습니다. 어지럽고 애가 탑니다. 그리움을 아는 자만이 오직 내 슬픔을 알 수 있습니다!

Nur wer die Sehnsucht kennt Weiss, was ich leide!

● 「그리움을 아는 자」

check

□

164

짙어져 가는 그리움

Die wachsende Sehnsucht

save

#사랑 #그리움 #눈부심 #짙어짐

▶ 가장 빛나는 날보다 더 눈부셨다. 그렇기에 그녀를 잊지 못함을 나무라지 말라. 크게 꾸짖지 말라. 밖에 나오니 그리움이 더 짙어진다.

War schöner als der schönste Tag.

●「그것보다 아름다운 최고의 날」

check

□

165

'상흔'이라는 집

Ein Haus namens „Narbe"

#사랑 #고통 #황폐함 #상흔

save

▶ 사랑의 고통은 길 하나를 찾아낸다. 적막하고 황폐한 그곳을. 사랑의 고통은 메마른 내 마음을 알아내고 텅 빈 그곳에 상흔이라는 집을 지었다.

Eine Stelle suchte der Liebe Schmerz.

● 「사랑의 상흔은」

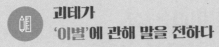

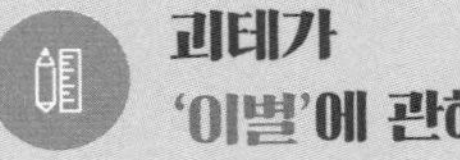

괴테가 '이별'에 관해 말을 전하다

check

□

❶ 이 세상에서 다른 사람의 생각을 이해하는 일은 가장 어려운 것이다.

❷ 사람이 억지로 자기 자신으로부터 멀어지려 노력하는 것은 엄청난 고행이다.

❸ 그 사람이 그리워 내 마음은 요동치고, 아, 그 사람을 품에 안을 수 있다면 모든 것이 다할 때까지 입을 맞추리.

❹ 그리움을 아는 자만이 오직 내 슬픔을 알 수 있다.

❺ 사랑의 고통은 메마른 내 마음을 알아내고 텅 빈 그곳에 상흔이라는 집을 지었다.

Part 7

괴테가 '인간의 삶'에 관해 말하다

에커만에게 예술적 영감을 주고 폭넓게 세상을 바라보게끔 하며 진정한 멘토 역할을 했던 괴테

#에커만 #조언 #언어의 중요성 #영국 문학 #영어 #경험 #성장 #『괴테와의 대화』 #삶의 지혜 #예술적 영감 #진정한 스승 #멘토

▶ 괴테는 문필가이자 만년에 그의 비서가 되어 조력자로서 활약한 에커만에게 끊임없이 배워야 한다고 조언했다. 모국어인 독일어뿐만 아니라 그리스어와 히브리어, 영어, 이탈리아어 등 다양한 언어에 능통했던 괴테는 영어를 구사할 줄 모르는 에커만에게 언어의 중요성을 강조하며, "영국 문학은 전 세계에서 가장 수준이 높다고 볼 수 있다. 자네에게 장차 가장 큰 자산이 될 분야는 영국 문학이니 영어를 확실하게 익혀서 영국 문학의 원류를 깊이 있게 연구하라."라고 조언했다. 또한 "재능만으로는 충분하지 않다. 더 현명해지려면 그 이상의 것이 필요한데, 그건 바로 경험이다. 보다 큰 세상에서 더 많은 사람들과 만나 그들과 더불어 생활해보는 것이 필요하다는 사실을 잊지 말라."라고 전했다.

가난한 문필가였던 에커만은 괴테의 조언에 힘입어 용기와 희망을 얻어 부단히 노력하며 성장했다. 괴테에게서 받은 이 선한 영향력은 에커만의 저작 『괴테와의 대화』에 잘 드러나 있다. 이 책에는 예술, 문화, 정치와 관련된 문제뿐만 아니라 지식인으로서의 고뇌, 괴테가 전하는 살아가는 데 있어 반드시 필요한 삶의 지혜가 담겨 있다. 그렇기에 에커만의 책은 오늘날 괴테의 사상을 연구하는 데 있어 없어서는 안 될 필수 문헌이 되고 있다.

에커만에게 있어 괴테는 예술적 영감을 준 위대한 작가이자 영혼을 충만하게 해 준 진정한 스승이었다. 이렇듯 에커만은 자신의 멘토인 괴테의 영향으로 보다 넓게, 또 멀리 세상을 바라보며 끊임없이 성장했다. 인생에서 진정한 스승을 찾는 것, 늘 낮은 자세로 스승의 가르침을 받아들이며 성장하는 것, 스승 또한 겸허한 자세로 제자를 통해 자신을 성찰하는 것, 그리하여 스승과 제자가 서로에게 좋은 영향을 주며 발전하는 이 선순환이 반복되는 것이야말로 참된 가치를 실현하고 아름다운 사회를 구현하는 첫걸음이 될 것이다.

save

▲ 독일의 작가 요한 페터 에커만은 괴테에게 제대로 빠져 1823년 「시학 논고」라는 원고를 괴테에게 보낸다. 에커만은 괴테의 초대로 바이마르로 떠나고, 결국 그곳에서 괴테의 비서가 된다. 그는 괴테와 나눈 대화를 기록했다가 나중에 정리해 『괴테와의 대화』를 펴낸다.

에커만은 누구인가 _ 팔로워 2,495,297 _

1,540,386

#독일의 작가 에커만은 괴테의 초대로 바이마르로 떠나고, 결국 그곳에서 괴테의 비서가 된다. •••

▲ 카를 아우구스트공이 명령해 만들어진 가족묘원 안에는 괴테와 실러의 관만 있는 것이 아니다. 괴테와 실러의 관이 있는 건물 밖으로 나가면 러시아 정교회 성당이 있는데, 그 앞에 오벨리스크 형태로 조성된 묘지석이 있다. 이곳은 괴테의 비서였던 에커만의 무덤이다.

❶ 독일 튀링겐주 일메나우에 있는 집 앞에 붙은 기념패다. 1854년 에커만이 이곳에 살았다는 내용이 새겨져 있다. ❷ 에커만이 1821~1822년에 살았던 집 앞에 붙어 있는 기념패다. ❸ 독일의 화가 요한 요제프 슈멜러가 1824년에 그린 에커만의 초상화다.

check

□

166

미완성의 완성

Die Vollendung des Unfertigen

#미완성 #풍족함 #진리 #기쁨

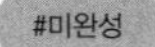

▶ 나를 아직 미완성이던 그 시절로 되돌려 주시오. 시상(詩想)이 샘물처럼 새로이 끊임없이 솟구치고, 내 앞에 안개가 온 세상을 가리고 꽃봉오리가 피어나기를 기다리던, 골짜기마다 가득했던 수천의 꽃송이들을 꺾던 그 시절 말이요. 가진 것은 없으나 마음은 풍족했으니 진리를 향한 충동과 환상의 기쁨이 있었지요.

Des Hasses Kraft, die Macht der Liebe, Gieb meine Jugend mir zurück!

● 『파우스트』

꿈은 이루어지기 전에 더 아름답다는 말이 있다. 꿈을 향해 열심히

한 걸음 한 걸음 내디뎠던, 목표가 있기에 어떠한 상황에서도 굳건히 버틸 수 있었던 날들은 우리에게 더없이 소중하고 빛나는 자산일 것이다. 그렇게 하루하루의 노력이 모여 마침내 꿈을 이루었을 때 우리는 형언할 수 없는 행복을 느끼겠지만, 그러한 감정과는 별개로 어느 순간 허탈함이 찾아오기도 한다. 습관처럼 반복하던 노력을 이제 하지 않아도 되기에, 이제는 그만큼 간절한 마음이 없어졌기에 느끼는 허탈함일 것이다.

악마와 거래한 대가로 젊음과 향락을 누릴 수 있었던 파우스트 박사 역시 행복의 이면에 엄습한 허탈함을 느꼈으리라. 완벽하지 않았기에 더 많은 것을 갈망했지만 불완전한 것은 불완전한 모습 그대로 소중하고 가치 있다는 것을 뒤늦게 깨달은 것이다. 비록 가진 것은 없으나 마음만은 누구보다 풍족했던 시절이 있었다면 우리에게 그날들은 결핍되고 미완성된 그 자체로 아름다운 것이리라.

#가진 것은 없었지만 마음이 풍족했던 시절이 있었다면 그 자체로 충분히 아름답다. ...

check

☐

167

기쁨의 원천과 슬픔

Die Quelle der Freude und Leid

#이 세상 #저세상 #기쁨 #슬픔

▶ 저세상은 중요하지 않네. 이 세상이 산산이 조각난다면 저세상이 자리를 대신하겠지. 이 세상이 내 기쁨의 원천이요, 이 태양이 내 슬픔을 비추리라. 내가 저것들과 헤어진다면, 그다음은 어떻게 되든 상관없다. 미래에도 사랑과 증오가 존재하는지, 그 세상에도 위아래의 구별이 있는지 알고 싶지도 않네.

Das Drüben kann mich wenig kümmern, Schlägst du erst diese Welt zu Trümmern, Die andre mag darnach entstehn.

● 『파우스트』

마침내 악마에게 굴복한 그에게 영혼을 빼앗길 위기에 처한다. 그러나 그 순간 천사들이 내려와 파우스트를 데려가 결국 그는 신에게 구원을 받게 된다. 신의 은총으로 내세에서 구원받는 그리스도교적 세계관이 반영된 작품이기에 괴테의 가치관도 그러할 것이라 생각하는 독자들이 많을 것이다. 그러나 괴테는 누구보다 현실적이고 실용적인 것을 추구한 사람이었다. 괴테는 파우스트의 말을 빌려, 중요한 것은 지금 우리가 살고 있는 현세이며 내세의 것은 전혀 궁금하지 않고 관심이 없다는 뜻을 내비치고 있다.

앞서 언급했듯, 괴테가 살았던 시기는 계몽주의에서 낭만주의 시대로 넘어가는 과도기였다. 괴테가 전 생애에 걸쳐 이뤄 낸 대작 『파우스트』는 신의 구원으로 인간은 비로소 온전히 자유롭고 행복해질 수 있다는 그리스도교적 가치관이 반영된 작품이다. 그러나 『젊은 베르테르의 슬픔』에서는 누구보다 인간의 욕구와 감정을 중시하는, 부도덕한 사랑마저 감싸 안는 낭만주의자로서의 면모를 드러내기도 한다. 우리가 마주하고 있는 현실, 지금 이 순간은 무엇보다 중요하기에 현재에 충실한 삶을 살아야 한다는 것은 종교적 이념이나 가치관을 뛰어넘는 만고불변의 진리다.

check

☐

168

마음속 상처

Wunde im Herz

#마음속 #핏자국 #죄 #상처

save

▶ 마음에는 당신이 저지른 죄의 핏자국이 아직 남아 있습니다. 죽은 자는 무덤 위에 복수의 영들이 떠다니고 살인자가 돌아오길 기다리고 있지요. 네놈은 죄가 없느냐? 이 세상의 살인과 죽음을 다 뒤집어쓰고도 남을 괴물 같은 놈이! 나를 데리고 가란 말이다! 그리고 그 애를 구하란 말이다!

Wisse, noch liegt auf der Stadt Blutschuld von deiner Hand.

● 『파우스트』

파우스트는 악마의 술수로 자신이 사랑하는 연인인 그레트헨의 오빠를 죽이고, 그녀 역시 악마의 꾐에 넘어가 자신의 어머니와 아이를 죽인다. 죄책감으로 삶의 의지를 상실해 버린 그레트헨은 사형이라는 형벌을 달게 받아들이고 신은 그녀의 영혼을 거두어 간다. 악마의 계략에 희생당한 가엾은 그레트헨은 마침내 신에게 구원받은 것이다. 파우스트 역시 죽음을 맞이하게 되고 사후에 그녀의 영혼과 재회하게 된다.

▲ 1874년 독일에서 출간된 괴테의 『파우스트』 안에 실려 있는 삽화다.

욕망을 무한히 실현할 수 있게 해 준다는 악마의 제안은 인간이라면 누구나 거부하기 힘든 달콤한 유혹일 것이다. 파우스트가 온갖 즐거움을 누린 대가는 뼈저리게 후회될 만큼 참혹했지만, 가지 않은 길에 대해 미련을 버리지 못하고 직접 경험해 보지 않으면 깨닫지 못하는 존재가 바로 인간이 아니겠는가. 모든 것을 온몸으로 체감한 뒤 상처투성이가 되고 나서야 인생의 참된 의미와 진리를 깨달은 파우스트는 결코 우리와 다르지 않은 불완전한 인간의 표상이다.

check

□

169

'행복'의 전제 조건

Vorbedingung des „Glücks"

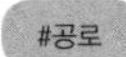

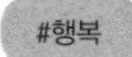

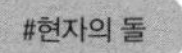

▶ 그러면 우선 즐거운 시간을 보내자꾸나! 마침 성회일이 다가오는구나. 우리는 그동안 더욱 떠들썩하게 성대한 사육제를 열어 보자. 공로가 있어야 행복이 따라온다는 것을 저 바보들은 결코 깨닫지 못하는구나. 저들이 현자의 돌을 손에 넣었다 해도, 그 돌에 현자는 없을 것이다.

Wie sich Verdienst und Glück verketten, Das fällt den Toren niemals ein.

● 『파우스트』

check

☐

170

우물 안 개구리

Der Frosch im Brunnen

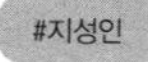

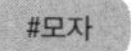

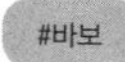

#똑똑함

▶ 우리는 이제 모두 새로 태어났지요. 누구든 지성인이라면 이 모자를 귀밑까지 푹 눌러 써 보세요. 얼핏 보면 바보 같아 보이지만 모자 안에서는 매우 똑똑해지지요.

Sie ähnelt ihn verrückten Toren, Er ist darunter weise, wie er kann.

● 『파우스트』

check

☐

171

쾌락에 젖은 대가

Der Preis des Vergnügens

#속죄 #용서 #복수 #벌

▶ 찰나의 달콤한 순간은 거품이 부글대는 독약으로 벌할 것이다! 흥정도 에누리도 없으니 죄지은 자 속죄해야 할 것이다. 아무도 용서를 말하지 않으리라! 나 절벽을 향해 울부짖나니 메아리여! 들어 봐라! 복수라 대답하라! 제 여자를 바꾼 자 죽어 마땅하노라.

Muß der Augenblicke Süßtes Sich zu Gischt und Galle wandeln!

● 『파우스트』

#찰나의 달콤한 순간이 독약으로 바뀔 수도 있다.
그것이 쾌락에 젖은 대가가 될 수도 있으니 조심해야 한다. •••

check

□

172

'자유로운 인생'의 가치

Der Wert eines „freien Lebens"

save

#여인 #아름다움 #자유로운 인생

▶ 여인의 아름다움이란 말할 가치가 없소. 그저 굳은 모습일 뿐이요. 나는 오직 자연스럽고 자유롭게 인생을 즐기는 것을 찬양하오. 아름다움은 도취되기 쉽지요. 애교에 저항할 수 없는 것처럼. 내가 태워다 준 헬레네와 마찬가지로 말입니다.

Nur solch ein Wesen kann ich preisen, Das froh und lebenslustig quillt.

● 『파우스트』

check

☐

173

당신은 신입니까, 인간입니까

save

Sind Sie ein Gott oder ein Mensch?

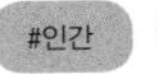

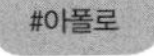

#질문

▶ 순수한 날을 보낸 사랑스러운 아이들이 자라서 아버지가 돼 힘을 얻으면 우리는 놀라 질문을 던진다. 저들은 신일까, 인간일까? 아폴로는 목동의 모습을 했고 가장 아름다운 목동은 아폴로를 닮았도다. 순수한 자연의 영역에서는 온 세계가 얽혀서 하나가 된다.

Und so entwickelt sich am reinen Tage Zu Vaterkraft das holde Kind.

● 『파우스트』

황실 고문관이었던 아버지와 프랑크푸르트 시장의 딸이었던 어머니

밑에서 성장한 괴테는 귀족 가문 출신으로 유복하게 자랐다. 아무리 그 마음을 헤아리고 이해한다고 해도 직접 겪어 보지 않으면 결코 알 수 없는 것, 바로 부모의 마음일 것이다. 어릴 때 부모님의 모습은, 특히나 가장으로서의 아버지의 모습은 큰 산처럼 느껴지곤 했다. 그 무엇에도 흔들리지 않을 것 같던 강인함과 근엄함을 지닌 아버지는 마치 처음부터 아버지였던 것처럼. 세월이 흐르면서 점점 기력이 쇠하는 아버지의 모습을 볼 때면 그때야 비로소 아버지 역시 철인이 아닌 그저 보통 사람이었음을 깨닫게 된다. 어린 내게 그토록 커다랗고 위엄 있던 존재가 불과 30대 청년이었음을, 그때의 아버지 나이가 된 나는 여전히 철없고 어리기만 한데 아버지는 가장이라는 삶의 무게를 어떻게 짊어지고 견뎌 내셨을까 하는 생각에 먹먹해진다.

▲ 아폴로는 로마 신화에 나오는 신 중 하나다. 그리스 신화의 아폴론에 해당한다.

여전히 다 알 수도, 이해할 수도 없는 그 마음을 여기, 이 지면을 빌려 잠시 헤아려 본다. 내일도, 모레도 나는 투정 부리는 자식이겠지만 이 순간만큼은 온 마음을 다해 감사의 마음을 전하고 싶다.

check

□

174

너만의 가치

Dein eigener Wert

save

#성스러움 #겸손함 #온화함 #최고의 선물

▶ 이 소박하고 순수한 아가씨는 자신의 성스러운 가치를 알지 못하는구나! 겸손함과 온화함이야말로 하늘이 내리는 최고의 선물인 것을! 당신은 아주 잠시 동안 저를 생각하시겠지만 저는 당신의 얼굴을 오래도록 생각할 거예요.

Daß Demuth, Niedrigkeit, die höchsten Gaben Der liebevoll austheilenden Natur!

● 『파우스트』

check

☐

175

원하는 것을 얻으려면

Um zu bekommen, was man will

#목표 #속죄 #천상의 것 #지하의 것

▶ 우선 유희를 즐기던 시간을 끝내십시오. 산란한 마음으로는 목표에 이를 수 없습니다. 먼저 고요한 가운데 속죄를 함으로써 천상의 것으로 지하의 것을 얻을 수 있습니다. 선을 원하는 자는 먼저 선해져야 하고, 기쁨을 원하는 자는 열기를 진정시켜야 하며, 술을 갈망하는 자는 익은 포도 알을 짜내야 하고, 기적을 바라는 자는 믿음을 굳건히 해야 합니다.

Wer Gutes will, der sei erst gut; Wer Freude will, besänftige sein Blut; Wer Wein verlangt, der keltre reife Trauben; Wer Wunder hofft, der stärke seinen Glauben.

● 『파우스트』

check

☐

176

본질을 보는 눈

Augen, die das Wesentliche sehen

save

#멍청이 #본질 #진실 #망상

▶ 생각해 보시오. 우리가 당신들에게 황금을 주겠소? 이런 장난에 쓸 돈이야 넘치지요. 너무 많아서 여러분이 다 세지도 못할 것이오. 답답한 멍청이들! 번지르르한 겉모습이 당신들 눈에는 진정한 본질인가 봅니다. 당신들의 진실은 무엇이오? 허황된 망상을 붙잡고 있네요.

Was soll euch Wahrheit?

● 『파우스트』

check

☐

177

마음을 움직이는 법

Ein Weg das Herz zu bewegen

save

#과거 #이해 #마음 #진심

▶ 저 사랑스러운 노랫소리를 들으며 지나간 꾸며 낸 이야기는 잊어라! 케케묵은 신들과 그에 관한 이야기도 집어치워라. 이제 다 지나간 일이니. 아무도 너희를 이해할 수 없다. 우리는 더 많은 솜씨가 필요하다. 마음을 움직이려면 마음에서 우러나와야 하는 법이니.

Denn es muß von Herzen gehen, Was auf Herzen wirken soll.

● 『파우스트』

check

☐

178

'결과'보다는 '과정'

„Prozess“ statt „Ergebnis“

#중요한 일 #결과 #과정 #심사숙고

save

▶ 당신은 여기 남아서 중요한 일을 해 주세요. 낡은 양피지 책을 펼쳐서 배운 대로 생명의 원소를 모아, 하나하나 조심스럽게 배치해 보세요. '무엇을' 할 것인지도 중요하지만, '어떻게' 할 것인지 더 고민하세요.

Das Was bedenke, mehr bedenke Wie.

● 『파우스트』

"모로 가도 서울만 가면 된다."와 "인생은 목적지가 아니라 여정이다."라는 말 중에 어떤 것이 정답일까. 전자는 목적을 위해서는 어떠한 수단도 불사하겠다는 의지를 보이는 문장이고, 후자는 목표보다는 과정을 중시하라는 의미가 담긴 문장이다. 정해진 목표를 반드시 이루어야 하는 사람은 전자가, 수많은 시행착오를 거듭하며 깨달은 바가 많은 사람은 후자가 더 와 닿을 것이라 생각한다. 둘 중에 어느 하나가 정답이라고 할 수 없을 만큼, 우리 인생은 목적을 이루기 위한 수단도, 과정도 모두 중요하니까. 다만 목표에만 집중한 나머지 나 자신을 잃어서는 안 된다는 것을, 원하는 목표를 이루지 못했더라도 거기까지 가기 위한 노력과 과정이 무의미한 것이 아님을 잊지 말아야 한다.

목표를 위한 과정에 충실하며 부단히 노력한 사람은 원하던 바를 이루지 못했다 해도 결코 실패한 것이 아니다. 마음을 추스르고 다스리며 다시 시작할 수 있는 의지와 용기가 있다면, 그리하여 또다시 쓰라린 결과를 맛보더라도 승복할 수 있다면. 원하는 결과를 얻기 위한 과정에서 우리가 깨닫게 된 모든 것들은 우리의 몸과 마음에 고스란히 남아 언제, 어디서라도 그 빛을 발할 것이라 믿는다.

check

□

179

권리를 방관한 결과

Das Ergebnis der Vernachlässigung von Rechten

#권리 #방관 #주인

▶ 이 넓은 국토 내에서 누가 소유권을 내세우며 이익을 취하는지 아시는지요? 어딜 가든지 새로운 자들이 나타나 주인 행세를 하며 제멋대로 하려 하지만 우리는 그저 바라만 볼 수밖에 없는 실정입니다. 우리의 권리를 방관해 버린 결과 아무 권리도 남아 있질 않습니다.

Wir haben so viel Rechte hingegeben, Daß uns auf nichts ein Recht mehr übrigbleibt.

● 『파우스트』

어차피 누가 되든 그 사람이 그 사람이니 하나 마나 한 투표라고, 해마다 선거철이 되면 종종 투표권을 포기하고 싶다는 말들이 들려오곤

한다. 어릴 땐 어렵고 몰라서 관심이 없었고 지금은 알면 알수록 어려워지는 것이 정치인 것 같다. 늘 진흙탕 싸움이 되는 그 세계에서 정치란, 올바른 정치인이란 무엇인지, 또 정의란 무엇인지 가끔 생각해 본다. 서로가 서로를 할퀴며 결국 남게 되는 것은 상처뿐인 것이 정치라고 생각하기에 만약 지인 중에 정치계에 입문하려는 사람이 있다면 말리고 싶은 심정이다. 오죽하면 넥스트가 〈아들아, 정치만은 하지 마〉라는 곡까지 발표했겠는가.

그럼에도 그 험난한 길을 가야만 하는 누군가가 반드시 필요하다. 부조리한 것들 속에서 용기 있게 자신의 목소리를 내며 소신을 가지고 정의 사회를 구현하기 위해 애쓰는 정치인들도 분명 존재하기 때문이다. 우리가 투표하는 이유도 마찬가지다. 최선이 아니면 차선의 선택으로, 최악의 상황을 피하기 위한 차악의 선택이 필요한 것이다. 우리의 의지로 우리의 권리이자 의무인 투표권을 포기하지 않을 때 진정한 주권이 실현될 수 있다. 여전히 정치는 답이 없다고 생각하며 포기하고 방관하는 순간, 우리가 누려야 할 권리 역시 포기해야 한다는 것을 잊지 말자.

#우리 스스로가 자신의 권리를 방관한다면 아무 권리도 남지 않을 수도 있다. •••

check

□

180

절망을 부르는 힘

Die Kraft, die Verzweiflung bringt

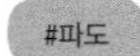

#맹목적
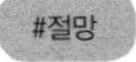

#정신

▶ 부풀고, 구르고, 부서졌다가 황량하게 뻗어 있는 텅 빈 지역을 덮친다. 파도는 힘이 넘쳐 그곳을 지배하지만 물러간 뒤에는 아무것도 얻은 게 없다. 저 거친 원소의 맹목적인 힘이야말로 나를 절망에 빠뜨리는 것이다. 그래서 나의 정신은 높이 솟아오르려 하는 것이다. 여기서 나는 싸워서 이기고 싶다. 그것은 가능하리라!

Da wagt mein Geist, sich selbst zu überfliegen.

● 『파우스트』

인간은 누구나 상승 욕구를 지니고 있다. 성장하고 발전하고자 더 나은 곳으로 더 높이 오르려는 마음, 니체도 괴테도 추구했던 삶의 의지,

바로 '향상심(向上心)'이다. 니체는 "나는 그대가 희망과 사랑을 결코 버리지 않는 사람이기를, 그대의 영혼 속에 깃들어 있는 영웅을 절대 버리지 않기를, 그대가 희망하는 삶의 최고봉을 계속 성스러운 곳으로 여기며 똑바로 응시하기를 바란다."라고 말했다. 또한 "향상심이 없는 사람은 죽은 것이나 다름없다며, 부질없는 르상티망(ressentiment, 원한, 복수, 노여움 등을 뜻하는 말)에 휘둘리는 사람이 아니라 자신이 동경하는 것을 향해 계속 희망의 화살을 쏘아 대는 사람이 되어야 한다."라고 덧붙였다.

찾으려고, 닿으려고 노력하지 않는 자는 절대 손에 쥘 수 없는 것, 그러므로 구하기 위해, 그것에 가닿기 위해 부단히 애쓰는 자는 언젠가는 얻게 될 그것, 바로 '희망'이다. 절망을 이겨 낼 수 있는 유일한 것이자 노력한 만큼 쟁취할 수 있는, 누구에게나 공평한 것. 이 정도면 절망 대신 희망을 노래해야 하는 이유로 충분하지 않겠는가.

#희망은 노력한 만큼 쟁취할 수 있고 절망을 이겨 내는 방법이며 누구에게나 공평하다. •••

check

☐

181

무조건적인 옳음과 그름은 없다

Es gibt kein bedingungsloses Richtig oder Falsch

#평가 #동기 #원인 #판단

▶ 당신 같은 사람들은…… 무슨 일이든 이것은 어리석고 이것은 현명하다, 혹은 이것은 좋고 이것은 나쁘다고 평가하지요. 이런 식으로 이 세상일들을 마음대로 규정할 수 있다고 생각하는 겁니까? 어떤 행위에 감추어진 동기를 내밀하게 살펴본 적이 있습니까? 왜 그런 일이 발생했는지, 왜 그런 일이 발생할 수밖에 없는지 자세한 원인을 들여다보려고 한 적이 있냔 말입니다. 만일 당신이 그 원인을 파악했다면 그토록 성급한 판단을 내리지는 않았을 테지요.

Wißt ihr mit Bestimmtheit die Ursachen zu entwickeln, warum sie geschah, warum sie geschehen mußte?

● 『젊은 베르테르의 슬픔』

'무조건'과 '절대'라는 단어가 지닌 폭력에 가까운 위험성을 알고 있는 사람은 이 단어들을 쉽게 쓰지 못할 것이다. 언젠가부터 필자 역시 모든 가능성에 제한을 두는 이 단어들의 사용을 절제하고 기피해 왔다. 겁이 많아서, '무조건'과 '절대'라는 말 뒤에 올 문장들을 지켜 낼 자신이 없어서, 또 전보다 좀 더 신중해졌기 때문이기도 하다.

자신이 믿는 바를 당당히 피력할 수 있는 소신도 중요하지만, 나와 다른 사람들의 생각에 귀를 기울이며 그 마음을 헤아려 보는 신중함과 '그럴 수도 있겠다.'는 이해심이 무엇보다 필요한 요즘이다. 각양각색의 수많은 사람들과 더불어 살아가야 하는 세상에서 늘 낮은 자세와 유연한 마음가짐으로 사람들을 마주한다면, 그 마음은 선한 영향력이 되어 서로의 날카로운 마음의 모서리를 좀 더 둥글게 만들 수 있으리라 믿는다.

#무조건적인 옳음과 그름은 없다. 그러므로 왜 그런 일이 발생할 수밖에 없는지 자세한 원인을 들여다보아야 한다. •••

check

□

182

겉으로 보이는 것들

Die Dinge, die oberflächlich sichtbar sind

#피상적 #현혹 #나약함 #당부

▶ 제발 겉으로 드러나는 것들에만 현혹되지 마세요. 폭군의 폭정으로 한숨짓던 국민이 들고일어나 속박의 사슬을 끊는 것도 나약하다고 할 수 있겠습니까? 또 자기 집에 불이 난 것을 보고 놀란 나머지 힘을 내어 보통 때 같으면 움직일 수 없는 짐을 가볍게 나르는 사람, 모욕을 받고 나서 노여움이 일어 여섯 명을 상대로 싸워 그들을 쓰러뜨리는 사람도 나약하다고 할 수 있습니까?

Ich bitte dich, laß dich vom Anscheine nicht verführen.

● 『젊은 베르테르의 슬픔』

check

☐

183

무관심의 대가

Preis der Gleichgültigkeit

save

#인간 #감정 #무관심 #비호감

▶ 인간의 감정은 참 묘하지 않은가! 온 마을 사람들이 그 일을 불평하고 있다네. 그래서 나는 그 목사 부인이 버터나 계란, 그 밖의 선물들이 적게 들어오는 것을 보고 자기가 이 마을에 얼마나 큰 해를 주었는지에 대해 깨달았으면 하네. 실은 새로 부임한 목사(우리의 노 목사님은 돌아가셨네)의 부인이 나무를 잘라 낸 장본인이었기 때문일세. 그녀는 병약한 여자로 아무도 그녀에게 호감을 가지지 않았네. 그러니까 그렇게 된 까닭은 전적으로 그녀가 세상에 대해 관심을 쏟지 않았기 때문이라네.

Denn niemand nimmt Anteil an ihr. Eine Närrin, die sich abgibt, gelehrt zu sein, sich in die Untersuchung des Kanons meliert.

● 『젊은 베르테르의 슬픔』

check

□

184

공감이 주는 자격

Die Fähigkeit, die Empathie einem gibt

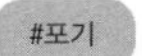

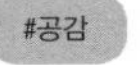

#자격

▶ 그렇다면 원래 즐겁게 감당해야 할 인생의 무거운 짐을 과감하게 포기하려고 결심하는 사람의 심정이 어떠한지 생각해 보지요. 지금까지 해 오던 방식과 다른 방식으로 말입니다. 왜냐하면 이런 문제를 풀 때에는 그 문제에 대해 마음 깊이 공감할 수 있을 때만 말할 자격이 주어지기 때문이지요.

Denn nur insofern wir mitempfinden, haben wir die Ehre, von einer Sache zu reden.

●『젊은 베르테르의 슬픔』

타인의 마음에 공감할 수 없다면 이 사회는 얼마나 각박해질까. 아마도 사회 구조 자체가 유지될 수 없을 것이다. 공감(共感)이란 말 그대로 함께 느끼는 마음이다. 기쁨도 슬픔도 누군가와 공유할 수 있다면 분명 더 좋아지고 나아질 것이다.

우리가 때때로 누군가에게 하소연할 때 진정으로 바라는 것은 해답이 아니라 내 고통과 아픔에 공감해 주는 마음이다. 궂은비를 맞고 있을 때 내게 우산이 되어 주는 존재도 소중하지만 때로는 그 비를 기꺼이 함께 맞아 줄 누군가가 필요하듯이. 우리가 고통과 시련을 버텨 내고 이겨 낼 수 있는 건 우리 자신의 의지 때문이기도 하지만 우리 곁에서 같은 마음으로 묵묵히 함께해 주는 사람들이 있기에 가능한 일일 것이다. 공감하고 연대(連帶)하는 마음이야말로 사람을 더욱 사람답게 만드는 아름다운 힘이다.

check

□

185

위대한 사람은 누구인가

Wer ist der großartige Mann?

save

#위대한 자 #열정 #수완 #책략

▶ 그렇다면 가장 위대한 자는 누구일까? 다른 사람의 능력과 열정을 자신의 계획을 성취시키는 데 활용할 수 있는, 그런 수완과 책략을 가지고 있는 사람이라고 생각하네.

Der die andern übersieht und so viel Gewalt oder List hat, ihre Kräfte und Leidenschaften zu Ausführung seiner Plane anzuspannen.

●『젊은 베르테르의 슬픔』

아무리 뛰어난 능력을 지니고 있는 사람도 혼자서 할 수 있는 일은 극히 제한적이다. 유능한 자는 또 다른 유능한 자를 알아보는 법이기에 성공한 사람의 곁에는 언제나 그와 함께한 조력자가 있다. 서로의 장점을 최대한 살려 주고 단점을 보완해 주는 파트너가 있다면 최고의 시너지를 발휘하게 될 것이다.

중국 삼국 시대 촉한의 임금 유비(劉備)는 와룡강 근처 오두막에 은거하는 제갈량(諸葛亮)을 세 번이나 찾아가 간청해 마침내 그를 자신의 군사로 맞이한다. 유비의 정성이 제갈량의 마음을 움직인 것이다. 훌륭한 인재를 얻기 위해서라면 아무리 신분이 높은 사람이라도 겸허한 자세로 자신의 뜻을 굽히지 않는다는 뜻을 지닌 '삼고초려(三顧草廬)'라는 말은 여기서 비롯되었다. 촉한의 정치가이자 전략가였던 제갈량은 유비를 도와 오(嗚)나라의 손권(孫權)과 연합해 조조(曹操)의 대군을 적벽에서 물리치고 형주와 익주를 점령했다. 이것이 그 유명한 적벽 대전(赤壁大戰)이다. 제갈량이라는 유능한 인재를 알아보고 적재적소에 활용했던 뛰어난 장수이자 임금 유비, 자신의 정치적 전략과 지략을 최대한 발휘해 수많은 장수들을 통솔해 마침내 중요한 전투에서 대승을 거둔 제갈량, 이 유능한 인재들이 펼치는 한 편의 대서사시 『삼국지(三國志)』는 오랜 고전으로 오늘날까지 여전히 사랑받고 있다. 다른 사람의 능력과 열정을 자신의 계획을 성취시키는 데 활용할 수 있는 수완과 책략을 가지고 있는 위대한 인재들의 삶이 궁금하다면 주저 없이 이 책을 권하고 싶다.

check

□

186

'분쟁'이 생기는 이유

Der Grund für das Aufkommen von „Streit"

#분쟁 #오해 #게으름 #외로움

▶ 이 세상의 수많은 분쟁은 간계나 악의보다 오해와 게으름으로 말미암아 얻어진다는 사실을 다시 한번 깨닫게 되었네. 적어도 앞의 두 가지 경우는 흔치 않은 일이지. 아무튼 나는 이곳에 온 뒤로 매우 잘 지내고 있네. 천국같이 아름다운 고장에 있으니, 외로움도 내 마음속에서는 마치 귀중한 향유와 같다네.

Mein Lieber, wieder bei diesem kleinen Geschäft gefunden, daß Mißverständnisse und Trägheit vielleicht mehr Irrungen in der Welt machen als List und Bosheit.

● 『젊은 베르테르의 슬픔』

젊은 변호사 베르테르는 상속 문제를 처리하기 위해 가상의 마을 발하임으로 간다. 그곳의 아름다운 풍경에 매료된 그는 낯선 고장에서 외로움을 느끼기도 하지만 어느 때보다 평온한 시간을 보낸다. 불현듯 찾아온 사랑의 감정이 그를 혼란스럽게 만들기 전까지.

친구 빌헬름에게 보내는 편지 형식으로 된 서간체 소설인 이 작품에서 베르테르는 세상의 모든 분쟁은 간계나 악의보다는 오해와 게으름에서 비롯된다고 말한다. 다름을 인정하지 않고 그저 틀림으로 간주하며 쌓여 가는 오해, 상대를 이해하려고 애쓰지 않는 게으름이 다툼의 원인이라는 것이다. 베르테르(괴테)의 말처럼, 세상의 분쟁은 이렇듯 사소한 것에서 비롯되며 그 사소함으로 쌓여 가는 오해를 풀려고 하지 않기에 그 사소함은 점점 더 몸집을 불려 나가 마침내 커다란 싸움으로 번진다. 세상에 존재하는 다양한 인간 군상만큼 수많은 가치관이 존재할 것이다. 자신의 잣대로 모든 것을 판단하려는 생각을 버리고, 다양성을 인정하며 서로 존중하기 위해 노력한다면 세상은 분명 조금씩 더 나아지리라 믿는다.

#이 세상의 수많은 분쟁은 간계나 악의보다 오해와 게으름 때문에 발생한다. •••

check

□

187

인간의 슬픈 운명

Trauriges Schicksal des Menschen

save

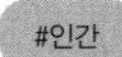

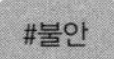

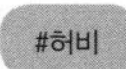

#운명

▶ 인간이란 어디서나 마찬가지인가 보네. 대개의 사람들은 자신들의 삶을 생계를 위해 보내고 있지. 만일 그들에게 시간이 좀 남아서 자유로운 시간이 주어진다면, 그들은 그만 불안에 휩싸여서 어떻게든 그 시간을 모조리 다 써 버리려고 갖은 수단을 동원하기 마련이지. 아아, 이렇게 시간을 허비해야 하는 것이 인간의 운명이란 말인가!

Daß sie alle Mittel aufsuchen, um es los zu werden. O Bestimmung des Menschen!

● 『젊은 베르테르의 슬픔』

check

□

188

방황의 굴레

Die Fesseln des Umherirrens

save

#인간 #영혼 #생기 #방황

▶ 아아, 우리가 그곳으로 달려가 '거기'가 '여기'가 될 때, 모든 것은 이전과 같아지는 게 아니겠는가? 우리는 여전히 가난하고 답답한 세계에 갇혀 살게 되는 거지. 또 우리는 거기서도 우리의 영혼에 생기를 불어넣어 줄 무언가를 찾아서 헤매겠지.

Und unsere Seele lechzt nach entschlüpftem Labsale.

●『젊은 베르테르의 슬픔』

check

☐

189

악덕이란

Was Untugend ist

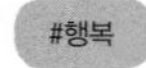

#피해 #악덕 #행복 #즐거움

▶ 자기 자신과 이웃에게 해를 입힌다면 그건 악덕이라 할 수 있지요. 우리가 서로를 행복하게 해 주지 못한다면 그것이야말로 악덕이라고 할 수 있어요. 게다가 그것 때문에 자신이 누릴 즐거움까지지도 빼앗긴다면 그게 말이 됩니까?

Wenn das, womit man sich selbst und seinem Nächsten schadet, diesen Namen verdient.

● 『젊은 베르테르의 슬픔』

check

□

190

모든 인간은 결국

Alle Menschen ist schließlich

#인간 #분별력 #격정 #한계점

save

▶ 당신 이야기는 분별력이 없는 어리석은 소녀에 관한 것입니다. 만일 분별력이 있는 사람이라면 그렇게 쉽게 자살에 이르는 잘못을 저지르지는 않았을 것입니다. 모든 인간은 마찬가지입니다. 이성적으로 판단력을 갖춘 사람일지라도 격정이 솟구치고 인간의 한계점에 다다르면, 모두 마찬가지가 되지요. 오히려…… 아, 이것에 대해서는 다음번에 이야기하기로 하지요.

Der Mensch ist Mensch, und das bißchen Verstand, das einer haben mag, kommt wenig oder nicht in Anschlag, wenn Leidenschaft wütet und die Grenzen der Menschheit einen drängen.

● 『젊은 베르테르의 슬픔』

check

□

191

본성이 지닌 한계

Die Grenzen des Wesens

#인간 #본성 #한계 #파멸

▶ 인간의 본성에는 어느 정도의 한계점이 있어요. 기쁨도, 슬픔도, 괴로움도 어느 정도까지는 참아 낼 수 있지만 그 한계를 넘어서면 파멸에 도달한답니다. 그래서 누가 강하고 약한가 하는 문제가 아니라, 그가 정신적인 것이든 육체적인 것이든 고통의 한도까지 견뎌 낼 수 있는가 없는가가 관건이 되지요.

Die menschliche Natur, fuhr ich fort, hat ihre Grenzen sie kann Freude, Leid, Schmerzen bis auf einen gewissen Grad ertragen und geht zugrunde, sobald der überstiegen ist.

● 『젊은 베르테르의 슬픔』

괴테 역시 오래전에 이미 알고 있었던 것이다. 인생은 누가 더 오래, 잘 버티느냐의 문제라는 것을. 베르테르는 친구 빌헬름에게 자신의 속마음을 털어놓으며 힘겨운 날들을 버텨 갔다. 그러나 베르테르도 사랑 앞에서는 속절없이 무너져 버렸다. 로테가 결혼한 후에도 단념할 수 없었던 베르테르의 사랑은 어쩌면 예견된 비극이었다. 열렬한 사랑의 대가를 치른 베르테르의 열풍은 당시 독자들 사이에서 선풍적인 인기를 얻었고, '베르테르 효과'라는 신조어가 탄생할 만큼 그가 입었던 노란 조끼와 연미복이 유행했으며, 비극적인 일이지만 모방 자살로 이어질 만큼 젊은 층에게 지대한 영향을 미쳤다.

로테를 향한 사랑의 마음을 도저히 멈출 수 없었기에 죽음으로써 끝낼 수밖에 없었던 베르테르의 모습은 오늘날 우리에게 시사하는 바가 크다. 자살을 미화할 생각은 없지만 한편으로 이해할 수 있기에 베르테르를 그저 나약한 인간이라며 비난할 수만은 없다. 베르테르는 현실에서는 더 이상 버텨 내지 못한 나약한 인간이었을지 몰라도 사랑 앞에서는 누구보다 용기 있고 강인한 사람이었으리라.

#기쁨도, 슬픔도, 괴로움도 어느 정도까지는 참아 낼 수 있지만 그 한계를 넘어서면 파멸에 도달할 수 있다. ...

check

☐

192

불쾌한 초조함

Unangenehme Ungeduld

#우화 #갈망 #욕구 #초조함

▶ 그 일에 대해 나중에 다시 한번 생각해 보면 약간 갈피를 못 잡게 되네. 자유에 싫증이 난 말이 안장과 마구를 얹어 달라고 해서 혹사당해 죽었다는 말에 관한 우화가 생각나기도 하네. 어떻게 하면 좋을지, 나는 아직도 잘 모르겠네. 환경을 변화시키고 싶은 내 갈망이나 욕구가 어쩌면 나를 항상 따라다니는 불쾌한 초조감에서 비롯된 것은 아닐까?

Ist nicht vielleicht das Sehnen in mir nach Veränderung des Zustands eine innere, unbehagliche Ungeduld, die mich überallhin verfolgen wird?

● 『젊은 베르테르의 슬픔』

check

□

193

인생의 꽃

Blumen des Lebens

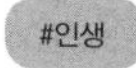

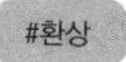

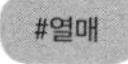

▶ 하지만 나는 불평하지 않네. 인생의 꽃이란, 단지 환상일 뿐이지! 흔적도 남기지 못한 채 얼마나 많은 꽃들이 사라져 가는가! 도대체 몇 개의 꽃이나 열매를 맺게 할 수 있으며, 그중 무르익은 열매는 또 얼마나 적은가! 물론 익은 열매도 충분히 많이 있긴 하지.

Die Blüten des Lebens sind nur Erscheinungen!

● 『젊은 베르테르의 슬픔』

check

☐

194

깨지기 쉬운 보물

Zerbrechlicher Schatz

save

#마음의 안정 #기쁨 #귀한 것 #깨짐

▶ 장관은 그것을 완전히 없애기보다는 그것은 다소 완화하고, 그것으로 말미암아 큰 성과를 얻을 수 있도록 다른 곳으로 그 힘을 유도하라고 말씀하셨네. 나는 장관 덕분에 일주일 정도쯤은 기력을 회복하고 진정시킬 수 있는 시간을 가질 수 있었다네. 실로 마음의 안정이란 소중한 것이며 스스로에 대한 기쁨이라네. 사랑하는 친구여, 보석처럼 귀한 것은 아름답고 값비싼 것이긴 하네. 그런데 그것이 쉽게 깨어지지 않으면 얼마나 좋을까!

Wenn nur das Kleinod nicht eben so zerbrechlich wäre, als es schön und kostbar ist!

● 『젊은 베르테르의 슬픔』

check

□

195

'죽음'에 담긴 의미

Die Bedeutung von „Tod"

save

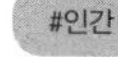

#인간

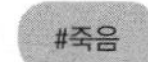

#죽음

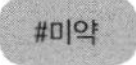

#미약

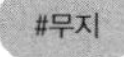

#무지

▶ 죽는다! 이 말은 무엇을 의미할까요? 죽음에 관해 이야기하면 우리는 꿈을 꾸고 있는 것입니다. 나는 사람이 죽는 것을 여러 번 보았습니다. 하지만 인간의 능력은 너무 미약해서 인생의 처음과 끝이 어떻게 될지 전혀 알지 못합니다. 아직 나는 나의 것입니다.

Siehe, wir träumen, wenn wir vom Tode reden.

● 『젊은 베르테르의 슬픔』

check

☐

196

비열하고 비겁한

scheußlich und feig

#평등 #존경 #겁쟁이 #비난

▶ 나는 사람들이 평등하지 않을 뿐만 아니라 평등하게 될 수도 없다는 것을 잘 알고 있네. 존경받기 위해서는 이른바 하류층 사람들과 거리를 두어야 한다고 생각하는 사람들이 있다네. 그들은 자신이 적에게 패배할 것을 두려워해 자신의 모습을 드러내지 않는 비겁하고 비열한 겁쟁이들과 같다고 생각하네. 나는 그런 자들이 당연히 비난받아 마땅하다고 생각하네.

Ebenso tadelhaft ist als ein Feiger, der sich vor seinem Feinde verbirgt.

● 『젊은 베르테르의 슬픔』

check

□

197

아이들을 어떻게 대하는가

Wie man Kinder behandelt

save

#아이 #어른 #동등함 #모범

▶ 우리는 어른과 똑같이 동등하게 여겨야 할 아이들을, 아니 오히려 우리의 모범으로 여겨야 할 아이들을 마치 자신의 하인처럼 부리고 있지 않은가. 이미 오래 전부터 하느님은 어느 쪽을 더 좋아하시는지 알려주시지 않았던가! 그런데 왜 사람들은 그분을 믿으면서도 그분의 말씀에는 귀를 전혀 기울이지 않는가! 물론 이것도 새삼스러운 일은 아니네.

Mein Bester, sie, die unseresgleichen sind, die wir als unsere Muster ansehen sollten, behandeln wir als Untertanen.

● 『젊은 베르테르의 슬픔』

check

□

198

인생의 기쁨

Freude des Lebens

save

#방랑객 #향수 #인생 #기쁨

▶ 정처 없이 떠돌아다니던 방랑객도 결국에는 다시 고향을 그리워하는 법이지. 그는 자기 고향의 누추한 오두막에서 아내 품에 안겨 자식들과 함께 지내면서 하루하루의 생계를 위해 필요한 일을 찾기 마련이지. 그렇게 생활 속으로 들어갈 때, 그는 헛되이 세상을 방랑하며 꿈꾸었던 바로 그 인생의 기쁨을 그제야 비로소 발견하게 되지.

So an der Brust seiner Gattin, in dem Kreise seiner Kinder, in den Geschäften zu ihrer Erhaltung die Wonne, die er in der weiten Welt vergebens suchte.

● 『젊은 베르테르의 슬픔』

행복은 아주 가끔씩, 그것도 찰나의 순간에 왔다 가는 것이며 불행은 너무도 자주, 아주 오랜 시간 머문다고 생각한 적이 있었다. 드물게 찾아오는 행복의 시간마저도 온전히 누리지 못하고 '과연 내가 이 즐거움을 누려도 될까.', '또 금세 사라지겠지.' 하며 어리석은 생각과 불안함으로 어렵게 주어진 행복의 순간마저 허무하게 날려 보내곤 했다. 그러나 불행이 찾아올 때면 '그래, 올 것이 왔구나, 그럼 그렇지.' 하는 마음으로 오랜 시간 흔들리며 힘겨운 날들을 보냈다. 괴테의 말처럼, 우리는 종종 행복이 찾아오면 의심부터 하며 있는 그대로 받아들이지 못한다. 반면에 불행은 관대하게 맞이하며 불행의 본디 모습보다 훨씬 더 크게 받아들여 마음속에서 몸집을 불려 나간다. 이런 마음으로 어떻게 행복할 수 있겠는가.

행복은 우리가 생각하는 것보다 훨씬 더 자주 우리 곁을 찾아오고 오래 머문다. 그러니 지금 즐겁다면 의심 없이 그 순간을 받아들이고 즐기자. 그리하여 불행이 찾아왔을 때 행복했던 기억으로 버티고 이겨 내자. 한 번의 좋은 기억으로 아홉 번의 힘겨운 날들을 버텨 내는 것이 인생 아니겠는가. 마음 하나 바꾸면 모든 게 달라진다. 행복 역시 준비된 자만이 누릴 자격이 있다.

check

□

199

이제야 이해한

Erst jetzt verstanden

▶ 저는 술에 완전히 절어 본 적이 몇 번 있어요. 물론 광기와 비슷한 격정에 휩싸인 적도 있었답니다. 하지만 저는 그렇게 한 일을 후회하지 않아요. 왜냐하면 예전부터 불가능해 보이는 것을 이루었던 비범한 사람들이 술꾼이나 미치광이로 취급받을 수밖에 없는 까닭을 이해하게 되었기 때문이지요.

Meine Leidenschaften waren nie weit vom Wahnsinn, und beides reut mich nicht denn ich habe in einem Maße begreifen lernen, wie man alle außerordentlichen Menschen.

● 『젊은 베르테르의 슬픔』

'미치지 않으면 미칠 수 없다.'는 뜻을 지닌 '불광불급(不狂不及)'이라는 말을 좋아한다. 목표에 도달하기 위해서는 미칠 정도로 그것에 몰두하고 노력해야 한다는 뜻이리라. 시대의 주류의 힘을 거스르며 불가능해 보이던 일을 해낸 비범한 사람들 중에는 특이한 습벽을 지닌 사람들이 많았는데, 우리는 그들을 소위 '괴짜'나 '미치광이'라 부르며 비하하기도 한다. 나와 다른 사람의 모습을 쉽게 받아들이지 못하기 때문이다.

아픔이나 기쁨을 느끼든 혹은 미치광이가 되어 보는 일이든 우리는 직접 경험하지 않으면 누군가를 제대로 이해할 수도 없고 받아들일 수도 없다. 그러나 이해할 수 없고 받아들일 수 없다 해도 존중할 수는 있다. 어떠한 상황이든 사람을 존중하는 마음이 우선시된다면 이해도 포용도 좀 더 쉬워지지 않을까. 타인의 삶을 포용하는 것은 여전히 어려운 일이지만, 사람들 속에서 사람들과 부딪치며 살아가야 하는 한 우리는 오늘도 매 순간 끊임없이 노력해야 한다.

부끄러움

Scham

▶ 흔히 어떤 사람이 자유롭고 고귀하며, 흔치 않은 일을 하려 들 때면 '저놈은 술꾼이야! 그래, 그놈은 미치광이에 불과해!'라며 비웃곤 하지요. 저는 그런 걸 보면 참을 수가 없어진답니다. 당신들 같은 냉철한 이성을 지닌 사람들은 부끄러움을 알아야 해요. 당신들 같은 현명한 사람들은 부끄러움을 알아야 해요!

Aber auch im gemeinen Leben ist's unerträglich, fast einem jeden bei halbweg einer freien, edlen, unerwarteten Tat nachrufen zu hören 'der Mensch ist trunken, der ist närrisch!'

● 『젊은 베르테르의 슬픔』

check

□

201

우연과 운명

Zufall und Schicksal

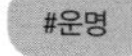

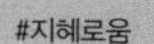

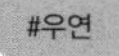

#변수

▶ 저 역시 운명의 지혜로움에 대해서는 경의를 표하지 않을 수 없지요. 그러나 운명을 이끌어 가는 우연은 너무나 딱딱하고 융통성이 없어 서투르게 작용하는 경우가 많아요. 우연이란 것은 운명이 미리 결정해 놓은 것을 온전하게 실현하지 않아 변수로 작용하기 마련이지요.

Denn selten scheint dieser genau und rein auszuführen, was jenes beschlossen hatte.

● 『빌헬름 마이스터의 수업시대』

check

□

202

진실로 어리석은 자

Ein wahrlich Törichter

save

#자리 #어리석음 #지배

▶ 도대체 앉는 자리가 뭐 그리 중요한가! 높은 자리에 앉더라도 훌륭한 역할을 하는 사람은 드물지 않은가. 그런 사실을 모르는 자는 정말로 어리석지 않은가. 얼마나 많은 왕들이 자신의 대신들에 의해, 또 얼마나 많은 대신들이 자신의 비서관에 의해 지배되고 있는가!

Die Toren, die nicht sehen, daß es eigentlich auf den Platz gar nicht ankommt!

● 『젊은 베르테르의 슬픔』

"자리가 사람을 만든다."라는 말도 옛말인가 싶은 생각이 든다. 물론 높은 자리에 오를수록 사명감과 책임감을 가지고 더 열심히 하려는 사람도 분명 존재할 것이다. 그러나 인간의 욕망, 특히 정치와 관련된 권력욕은 인간이 쉽게 제어할 수 없는 것이라는 데 동의한다. 세월이 흐르고 시대가 바뀌어도 정치는 여전히 진흙탕 싸움이니까.

어린 시절에는 으레 그러하듯 정치에 관심이 없었고, 나이를 먹고서는 세상 돌아가는 이치를 파악할 정도의 관심만 가졌다. 지금은 그때보다 조금 더 적극적인 편이지만 여전히 정치는 어렵고, 정답이 보이지 않아 어느 것이 옳은 것인지 쉽게 판단이 서지 않는다. 난해하기에, 내 스스로 가치를 평가하는 명확한 기준을 세울 수 없기에 더 피하고 싶었는지도 모른다. 다만 다행인 것은, 예전보다 내 시야가 조금 더 넓어졌다는 것이다. 내 나름의 소신을 가지고 옳다고 믿는 바를 실현하려 애쓰는 사람들을 지지하고 응원할 정도가 되었기 때문이다. 물론 내 판단이 전적으로 옳지 않을 수도 있다. 그러나 세상의 모든 일이 그러하듯 정답이 없기에 나는 앞으로도 더 많은 것들을 보고 익히며 내 믿음을 더욱 공고히 할 생각이다. 그 과정에서 내 생각은 언제든 바뀔 수도 있겠지만, 어떠한 상황에서건 '사람이 제일 먼저'라는 마음은 언제까지나 변함없으리라. 그것이 올바른 정치와 권력에 대한 내 답이다.

#어떤 상황이든 어떤 자리에 있든 훌륭한 역할을 수행하는 것이 중요하다. •••

check

□

203

어린아이처럼

Wie ein Kind

#어린아이 #고집 #장난 #마태복음

▶ 나는 아이들을 보고 있으면 그들의 사소한 행동 속에서도 언젠가 그들에게 반드시 필요할 모든 미덕과 힘들이 자라고 있음을 발견하게 되네. 다시 말해, 그들의 고집에서는 미래에 단호하고 강직한 성격을 알 수 있고, 그들의 짓궂은 장난에서는 세상의 위험을 이겨 나갈 수 있는 여유와 쾌활함을 찾아볼 수 있다네. 또 그 모든 것이 순수하고 완벽하게 나타나 있는 것을 발견할 때, 나는 인류의 스승이 전하는 귀한 말씀을 되새기게 된다네.

"너희가 어린아이와 같이 되지 않으면 안 되느니라(마태복음 18장 3절)."

Wenn ihr nicht werdet wie eines von diesen!

● 『젊은 베르테르의 슬픔』

니체가 가장 이상적인 인간상으로 어린아이를 꼽았던 것처럼, 괴테 역시 마찬가지였다. 아이들의 고집과 장난 속에 담긴 단호함과 강직함, 여유와 쾌활함을 우리가 살아가면서 언젠가는 필요하게 될 미덕과 힘으로 본 것이다. 아이들은 목적도 계획도 없이 호기심과 본능이 이끄는 대로 행동한다. 그것을 통해 온전한 쾌락을 누린다.

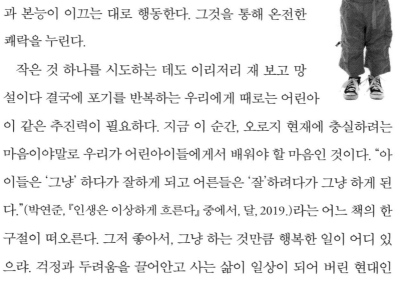

작은 것 하나를 시도하는 데도 이리저리 재 보고 망설이다 결국에 포기를 반복하는 우리에게 때로는 어린아이 같은 추진력이 필요하다. 지금 이 순간, 오로지 현재에 충실하려는 마음이야말로 우리가 어린아이들에게서 배워야 할 마음인 것이다. "아이들은 '그냥' 하다가 잘하게 되고 어른들은 '잘'하려다가 그냥 하게 된다."(박연준, 『인생은 이상하게 흐른다』 중에서, 달, 2019.)라는 어느 책의 한 구절이 떠오른다. 그저 좋아서, 그냥 하는 것만큼 행복한 일이 어디 있으랴. 걱정과 두려움을 끌어안고 사는 삶이 일상이 되어 버린 현대인들이여, 가끔은 어린아이가 되어 보자. 생각만큼 어렵지 않을지도 모른다.

check

☐

204

깊이 있는 반성

Tiefe Reflexion

save

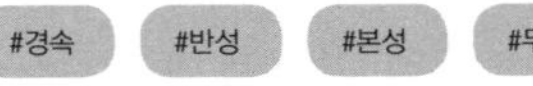

#경속 #반성 #본성 #무력

▶ 몹시 경속하고 반성할 줄 모르는 사람일수록 강력한 본성에 못 이겨 자신만의 세상에서 벗어날 힘이 없는데, 그러면서도 자신을 격렬히 원망하고 본인의 실수를 아주 솔직히 말하고 후회한다는 것을 알지 못했다.

Um zu wissen, daß eben ganz leichtsinnige und der Besserung unfähige Menschen sich oft am lebhaftesten anklagen, ihre Fehler mit großer Freimütigkeit bekennen und bereuen, ob sie gleich nicht die mindeste Kraft in sich haben, von dem Wege zurückzutreten, auf den eine übermächtige Natur sie hinreißt.

● 『빌헬름 마이스터의 수업시대』

check

□

205

당신에게 주어진 시간

Zeit, die dir gegeben wurde

#시간 #활용 #자신감 #도움

save

▶ 한시라도 빨리 당신에게 주어진 그 생기 넘치는 시간을 자신감 있게 활용하도록 하세요. 내가 도움이 된다면 기꺼이 돕겠소. 당신이 어쩌다 이런 무리에 속해 있는지는 모르겠지만, 당신의 출신이나 가정교육 받은 것을 보아 여기에 어울리는 자는 아닌 것 같소.

Und eilen Sie, die guten Jahre, die Ihnen gegönnt sind, wacker zu nutzen.

● 『빌헬름 마이스터의 수업시대』

check

□

206

'돈'은 왜 필요한가

Warum braucht man „Geld"

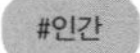 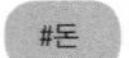 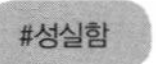 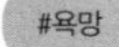

#인간 #돈 #성실함 #욕망

save

▶ 재능이 우리에게 명성과 타인의 애정을 가져다준다면, 성실함과 노력을 더해 돈을 버는 것 또한 당연합니다. 인간은 결코 정신적으로 완전하지 않습니다. 그렇기에 우리의 욕망을 채우기 위해서는 돈이 필요하지요.

Wenn uns dieses einen guten Namen und die Neigung der Menschen verschafft, so ist billig, daß wir durch Fleiß und Anstrengung zugleich die Mittel erwerben.

● 『빌헬름 마이스터의 수업시대』

check

□

207

'재능'을 바라보는 것

Das Betrachten von „Begabung"

#일상 #열정 #재능 #인성

▶ 세속적으로 어수선한 일상 속에서 열정을 가꿀 수는 없습니다. 여러분, 제 말을 믿어 주세요. 재능을 바라보는 것은 곧 어질고 너그러운 인성을 바라보는 것과 같습니다. 그것을 사랑하든지 혹은 완전히 포기하든지.

Man muß sie um ihrer selbst willen lieben oder sie ganz aufgeben.

● 『빌헬름 마이스터의 수업시대』

check

□

208

단점을 장점으로

Vom Nachteil zum Vorteil

save

#장단점 #성실 #연습 #반성

▶ 당신은 우리를 관찰하고 단순히 보이는 장점만 나열하고 있네요. 그렇다면 당신이 가진 통찰력으로 들여다 본 우리의 단점은 무엇입니까? 그런 것은 성실, 연습, 반성을 통해 단점을 장점으로 바꿔 나가도록 합시다.

Die wollen wir bald durch Fleiß, übung und Nachdenken zu starken Seiten machen.

● 『빌헬름 마이스터의 수업시대』

#성실, 연습, 반성을 통해 자신의 단점을 장점으로 바꾸는 것이 중요하다. •••

check

□

209

고귀한 사람의 태도

Die Haltung eines vornehmen Menschen

save

#고결한 자 #고귀한 자 #소홀함

▶ 고결한 사람은 때로는 자신에게 소홀할 수 있지만, 고귀한 사람은 자신에게 소홀하지 않지요. 타인에게 고귀해 보이고자 한다면 실제 자신이 고귀하게 행동하지 않으면 안 된다는 것입니다.

Sich in jedem Momente zu fassen wissen und so ein äußeres Gleichgewicht erhalten, innerlich mag es stürmen, wie es will. Der edle Mensch kann sich in Momenten vernachlässigen, der vornehme nie.

●『빌헬름 마이스터의 수업시대』

check

□

210

세상은 차갑지 않다

Die Welt ist nicht kalt

save

#세상 #차가움 #베풂 #정당함

▶ 많은 사람이 세상은 차갑다고 말하지만, 저는 세상이 차갑다고 느껴 본 적이 없습니다. 정당하게 세상을 살아가며 베푼다면 세상이 차갑지 않을 거라 믿고 있습니다. 마침내 무대 위에 섰을 때 청중이 들어 주기를 바랐던 이유는 그들의 마음에 뜨거운 것을 불어넣고 싶었기 때문입니다.

Ich habe noch nicht gefunden, daß sie undankbar sei, wenn man auf die rechte Art etwas für sie zu tun weiß.

● 『빌헬름 마이스터의 수업시대』

check

☐

211

최선으로의 도달

Die Erlangung des Besten

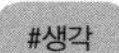

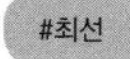

#이성

▶ 신뢰의 문제도 아니고 여러분께 불가사의한 것들을 고민하게 만들고자 함도 아닙니다. 어떤 생각이 우리를 최선에 도달하게 하는가의 문제입니다. 삶이란 우연과 필연이 얽혀 이뤄져 있는데 이성이란 것이 이 둘을 지배하게 해 준다는 말입니다.

Hier ist nur die Frage, welche Vorstellungsart zu unserm Besten gereicht.

● 『빌헬름 마이스터의 수업시대』

check

□

212

빛과 어둠

Licht und Dunkelheit

save

#연인 #이별 #아픔 #무기력

▶ 그가 이미 오래전 세상을 떠났다고 믿었던 때 복받치던 감정이 다시금 올라오기 시작했다. 연인과 이별 후 가라앉은 열정이 스멀스멀 올라오기 시작했다. 단 한 줄기의 빛이 맑게 빛나던 시간에 광채를 비출 때에야 우리는 비로소 지난 시간의 어둠이 얼마나 아프고 무기력한 것인지 알아차리게 된다.

Denn wir merken erst, wie traurig und unangenehm ein trüber Tag ist, wenn ein einziger durchdringender Sonnenblick uns den aufmunternden Glanz einer heitern Stunde darstellt.

● 『빌헬름 마이스터의 수업시대』

check

☐

213

세월의 흐름

Der Lauf der Zeit

save

#세월 #즐거움 #행복 #여신

▶ 우리가 세월의 흐름을 어떻게 따라잡을 수 있을까요. 그러니 세월이 우리 옆을 지나칠 때 그저 한 아름다운 여신으로 즐겁고 행복하게 모시자고요!

Da wir der Zeit nicht nachlaufen können.

● 『빌헬름 마이스터의 수업시대』

check

□

214

그때는 영리했었건만

Einst so schlau

save

#젊은 시절 #나이 듦 #어리석음 #영리함

▶ 열여섯 살 처녀의 저는 지금의 저보다 훨씬 영리했습니다. 지금의 제 자신은 스스로도 이해하지 못하고 있으니까요. 우리는 왜 젊은 시절 그렇게 영리하다가 세월이 흘러 나이가 들면 점점 어리석어지는 것일까요.

Warum sind wir so klug, wenn wir jung sind, so klug, um immer törichter zu werden!

● 『빌헬름 마이스터의 수업시대』

check

□

215

'가치'란 무엇인가

Was ist „Wert"

save

#가치 #필요 #재산 #집

▶ 당장 지갑에 돈을 채우는 것, 재산으로 우리 품 안에 안기는 것이 아니면 소용이 없다는 말입니까? 전에 머물던 집도 충분히 넓지 않았나요? 진짜 집을 새로 지을 필요가 있었어요? 수입의 대부분을 집에 쏟아붓지 않나요?

Ist denn alles unnütz, was uns nicht unmittelbar Geld in den Beutel bringt, was uns nicht den allernächsten Besitz verschafft?

● 『빌헬름 마이스터의 수업시대』

check

☐

216

배우는 사람에게 필요한 것

Was der Lernende braucht

save

#배우는 자 #성공 #연습 #기대감

▶ 성공하는 것은 배우는 사람의 몫이 아니야. 배우는 사람에게는 끝없는 연습만으로 충분해. 그래도 할 수 있는 데까지는 해야지. 그렇지만 서투른 길을 가고자 하는 어떤 청년이 그것을 알아차리고 계획을 취소해 가치 없는 일에 시간과 노력을 낭비하지 않는다면, 그 청년에게 기대를 걸어도 되지 않겠느냐는 거야.

Zu vollenden ist nicht die Sache des Schülers, es ist genug, wenn er sich übt.

● 『빌헬름 마이스터의 수업시대』

check

□

217

이성이 굳건할 때

Wenn die Vernunft stark ist

save

#인간 #이성 #필연 #우연

▶ 사람이 가진 이성은 필연을 자신이 현존하는 초석으로 생각하는 반면, 우연을 조종해 이용할 줄 알지요. 이성이 굳건하게 자리해 자신을 지킬 때 비로소 인간은 이 땅에서 신이라 불릴 자격을 갖추는 것입니다.

Indem sie fest und unerschütterlich steht, verdient der Mensch, ein Gott der Erde genannt zu werden.

● 『빌헬름 마이스터의 수업시대』

check

□

218

공정한 평가

Faire Bewertung

#편견 #공정함 #평가 #방해

save

▶ 수많은 걸작을 탄생시키는 나라에서도 편견과 한정적인 지식으로 옳지 않은 판단을 내리는 국민들이 존재하기 마련입니다. 그렇다고 우리가 어떤 작품을 바라볼 때 공정하게 평가함에 있어서는 아무런 방해물이 되지 않습니다.

Aber das kann uns nicht hindern, mit eignen Augen zu sehen und gerecht zu sein.

● 『빌헬름 마이스터의 수업시대』

check

□

219

'차별'이 생기는 이유

Warum Diskriminierung auftritt

save

#차별 #사회 구조 #죄

▶ 차별이 생기는 이유는 귀족들의 모만함이나 시민들의 순종적인 태도 때문이 아니라 사회 구조 자체에 죄가 있기 때문이네. 나는 이 중 어떤 것이 시간의 흐름에 따라 달라질 것인지 관심이 없어. 그저 현 사회의 흐름에서 나 자신을 생각해야 해.

An diesem Unterschiede ist nicht etwa die Anmaßung der Edelleute und die Nachgiebigkeit der Bürger, sondern die Verfassung der Gesellschaft selbst schuld.

● 『빌헬름 마이스터의 수업시대』

check

□

220

자신을 빼앗기지 않으려면

Um sich selbst nicht zu berauben

save

#거만 #악 #질투 #거짓

▶ 거만한 마음에는 우정이 자랄 수 없고, 건방진 태도를 가진 자는 천민에 지나지 않는다. 악을 가진 자는 대성하지 못하고, 질투에 빠진 자는 결점을 감싸 안을 이가 없다. 거짓을 일삼는 자는 성실과 신뢰를 가질 수 없다. 이것만 기억한다면 그 누구도 너를 빼앗지 못할 것이다.

Ein Bösewicht gelangt zu keiner Größe Der Neidische erbarmt sich nicht der Blöße.

● 「다섯 가지」

check

□

221

어떻게 살아야 하는가

Wie man lebt

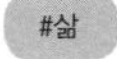

#인간 #삶 #방법

save

▶ 아, 사람은 무엇을 바라보며 살아야 하는가? 멈춰 있을까, 굳건하게 지켜 나갈까. 아니면 활발히 움직이는 게 나을까.

Ach, was soll der Mensch verlangen?

● 「마음」

괴테가
'인간의 삶'에 관해 말을 전하다

check

☐

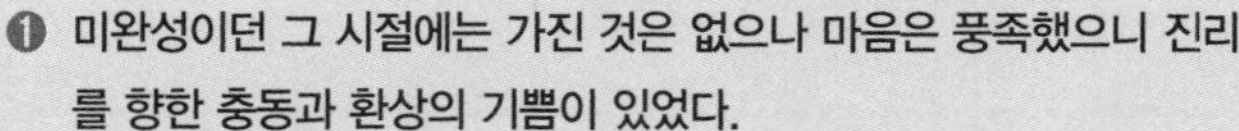

❶ 미완성이던 그 시절에는 가진 것은 없으나 마음은 풍족했으니 진리를 향한 충동과 환상의 기쁨이 있었다.

❷ 저세상은 중요하지 않다. 이 세상이 산산이 조각난다면 저세상이 자리를 대신할 것이다. 이 세상이 내 기쁨의 원천이요, 이 태양이 내 슬픔을 비출 것이다.

❸ 공로가 있어야 행복이 따라온다는 것을 바보들은 결코 깨닫지 못한다.

❹ 찰나의 달콤한 순간은 거품이 부글대는 독약으로 벌할 것이다! 그것이 쾌락에 젖은 대가다.

❺ 순수한 날을 보낸 사랑스러운 아이들이 자라서 아버지가 돼 힘을 얻으면 우리는 놀라 질문을 던진다. 저들은 신일까, 인간일까?

❻ 겸손함과 온화함이야말로 하늘이 내리는 최고의 선물이다.

❼ 선을 원하는 자는 먼저 선해져야 하고, 기쁨을 원하는 자는 열기를 진정시켜야 하며, 술을 갈망하는 자는 익은 포도 알을 짜내야 하고, 기적을 바라는 자는 믿음을 굳건히 해야 한다.

❽ '무엇을' 할 것인지도 중요하지만, '어떻게' 할 것인지 더 고민하라.

⑨ 마음을 움직이려면 마음에서 우러나와야 하는 법이다.

⑩ 우리 스스로가 자신의 권리를 방관한다면 아무 권리도 남지 않는다.

⑪ 무조건적인 옳음과 그름은 없다. 그러므로 왜 그런 일이 발생할 수밖에 없는지 자세한 원인을 들여다보아야 한다.

⑫ 진정 위대한 사람은 다른 사람의 능력과 열정을 자신의 계획을 성취시키는 데 활용할 수 있는 수완과 책략을 가지고 있는 사람이다.

⑬ 이 세상의 수많은 분쟁은 간계나 악의보다 오해와 게으름 때문에 발생한다.

⑭ 인간의 본성에는 어느 정도의 한계점이 있다. 그러므로 기쁨도, 슬픔도, 괴로움도 어느 정도까지는 참아 낼 수 있지만 그 한계를 넘어서면 파멸에 도달한다.

⑮ 성실, 연습, 반성을 통해 단점을 장점으로 바꿔 나가도록 하라.

⑯ 가장 고결한 자는 무슨 일이 닥쳐도 언제나 굳건히 마음의 균형을 지키는 자다.

Part 8

괴테가 '자연과 신'에 관해 말하다

자신만의 사상과 리듬을 견지하고 무한한 기쁨과 비밀을 만끽하며 자연과 함께하는 삶을 예찬한 괴테

#에커만 #『괴테와의 대화』 #자연 #경이로움 #생태학적 입장 #『파우스트』 #『젊은 베르테르의 슬픔』 #소통 #겸허한 자세 #불완전함

863,027

▶ 괴테는 에커만의 저작 『괴테와의 대화』에서 “자연을 연구하면서 느끼는 기쁨은 그 무엇에도 비할 수 없다. 자연의 비밀은 그 깊이를 가늠할 수 없다.”라고 말한 바 있다. 괴테에게 있어 자연은 신비함을 넘어선 경이로움 그 자체였다. 자연과 인간을 비롯한 만물이 서로 유기적으로 연결되어 있다는 생태학적 입장을 견지한 괴테의 사상은 그의 작품 곳곳에 드러나 있다.

괴테의 필생의 역작 『파우스트』에서 악마의 계략으로 죄책감과 절망에 빠진 파우스트가 다시 일어설 수 있었던 것은 알프스의 자연 덕분이었다. 또한 『젊은 베르테르의 슬픔』에서 약혼자가 있는 여인 로테를 열렬히 사모한 나머지 열병에 시달린 베르테르는 오직 자연 속에서만 평온함을 느끼며, 자연의 정취를 느낄 여유도 없이 분주하게 살아가는 사람들을 안타까워하며 속세를 벗어난 유유자적한 삶을 동경했다. 이는 당대의 관점에서도, 또한 오늘날의 관점에서도 시대에 역행하는 삶이다.

그러나 괴테는 시대의 기류에 휩쓸리지 않고 자신만의 리듬으로 자연과 더불어 사는 삶을 추구했다. 즉, 인간이 자연을 지배하고 소유하려는 욕심을 버리고 자연의 흐름 속에서 자연과 더불어 끊임없이 소통하며 살아가야 한다는 것이다.

전지전능한 신과 위대한 자연의 힘 앞에서 인간은 한없이 겸허해져야 한다. 종교적 이념을 떠나 그것이 자연의 섭리이자 순리이며, 인간은 늘 낮은 자세로 배우며 살아가야 하는 존재이기 때문이다. 인간은 불완전하기에 늘 시행착오를 거듭하며 살아가야 하지만, 부단히 노력하고 반성하며 살아가는 한 인간은 불완전한 모습 그대로 위대하고 아름답다.

▲ 냉전 시대 때 동독에서 발행한 20마르크 지폐다. 지폐 앞면에는 독일을 대표하는 작가인 괴테의 초상화가 들어가 있다. 괴테는 당시 많이 뒤떨어졌다고 평가받던 독일 문학의 수준을 끌어올리고, 문학 외에 다른 예술 분야 전반에도 큰 영향을 끼친다.

괴테아눔이란 _ 팔로워 2,485,287

#독일의 학자 루돌프 슈타이너가 괴테 사상에 영향을 받아 스위스 도르나흐에 지은 건축물이다. ...

▲ 독일의 학자 루돌프 슈타이너가 스위스 도르나흐에 지은 괴테아눔이다. 괴테 작품을 연구하고 괴테 사상에 영향을 받은 슈타이너는 자신의 사상을 따르는 사람들을 위해 괴테아눔을 짓지만, 1922년에 불이 나 타 버리고 만다. 새로 지은 현 건물은 1928년에 완공된다.

▲ 괴테아눔의 부속 건물인 난방 기계실이다. 1914년에 지어진 이 독특한 건물은 괴테아눔과 이 지역의 약 15개 건물의 난방을 담당하고 있다. 괴테아눔은 당시 독일 건축에서 유행하던 표현주의 운동이 잘 구현된 건축물이어서 '20세기 표현주의 건축의 걸작'으로 평가받고 있다.

check

☐

222

마음을 들여다보는 신

Gott schaut ins Herz

▶ 내 마음속에 살아 있는 신은 내 마음속 깊이 들여다볼 수 있지만 내 모든 힘 위에 군림하는 신은 외부적인 어떤 것도 뒤흔들 수 없다. 그러니 존재한다는 것은 짐이고 죽음을 바라며 삶을 혐오한다네.

Der Gott, der mir im Busen wohnt, Kann tief mein Innerstes erregen, Der über allen meinen Kräften thront, Er kann nach außen nichts bewegen.

● 『파우스트』

check

☐

223

밤이 내리다

Die Nacht kommt

save

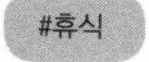
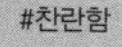

#밤하늘 #별 #휴식 #찬란함

▶ 벌써 밤이 내렸구나. 신성한 별들은 자리 잡고 큰 빛 작은 빛 여기서 반짝이고 저기서 비친다. 호수에 비쳐 반짝이고 구름 없는 밤하늘에도 빛난다. 별들은 깊은 휴식의 행복을 지켜 주며 찬란하게 밤을 비춘다.

Tiefsten Ruhens Glück besiegelnd Herrscht des Mondes volle Pracht.

● 『파우스트』

check

☐

224

자연, 그 위대함

Natur, diese Größe

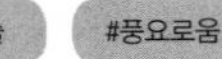

#풍요로움 #위대함

▶ 자연만이 무한히 풍요롭고, 자연만이 위대한 예술가를 탄생시키는 법이지. 예술의 규칙에도 수많은 장점이 있을 걸세. 시민 사회에 대해 칭찬하는 일도 이와 마찬가지일지 모르겠네. 물론 규칙에 맞추어 작품 활동을 하는 사람은 결코 졸렬하거나 저급한 작품을 만들지는 않을 걸세. 이것은 예의범절을 잘 지키고 준법정신에 맞추어 생활하는 사람이 결코 나쁜 이웃이 되거나 악당이 될 수 없는 것과 마찬가지라네.

Sie allein ist unendlich reich, und sie allein bildet den großen Künstler.

● 『젊은 베르테르의 슬픔』

무언가를 창조해 내는 예술가에게 있어 자연은 그 무엇보다 위대한 스승이다. 자연의 영험(靈驗)함은 인간의 언어로 형용할 수 없는 힘이며 예술가에게 영감이 되는 기운이기 때문이다. 이렇듯 아름다움을 넘어 경외감마저 들게 하는 자연의 신비함은 예술가에게 새로운 기운을 불어넣으며 활력이 되어 준다.

필자 역시 아이디어가 고갈되거나 창작욕이 저하되었을 때 산으로 바다로, 혹은 숲으로 떠나 자연의 흐름에 몸을 맡기다 보면 오래 묵은 것들이 비워지고 새로운 것으로 채워지는 느낌이 들곤 한다. 좀처럼 비워 내기 힘든 인간의 마음을 정화해 주며 새로운 것들로 채울 수 있는 공간을 마련해 주는 것이 바로 자연인 것이다. 탁 트인 공간에서 자연의 소리에 귀 기울이며 자연과 더불어 맑은 공기를 한껏 마시던 시절이 문득 그리워지는 요즘이다.

#자연만이 무한히 풍요롭고, 자연만이 위대한 예술가를 탄생시킨다. ···

check

☐

225

가엾고 하찮은 존재들이여

Arme und unbedeutende Wesen

save

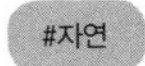
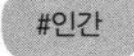
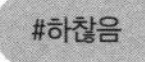
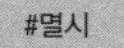

#자연 #인간 #하찮음 #멸시

▶ 모든 자연이 천태만상으로 이 세상을 온전히 뒤덮고 있네. 또 인간들은 그곳에 작은 집을 지어 자신을 지켜 가면서 자기들 방식대로 넓은 세계를 지배하고 있다고 착각하며 살아간다네. 가엾은 인간이란 존재들이여, 그대들은 너무나 작고 하찮은 존재이기 때문에 다른 자연 만물을 보잘것없이 여기는 것은 아닌가!

Armer Tor! Der du alles so gering achtest, weil du so klein bist.

● 『젊은 베르테르의 슬픔』

자연의 위대함 앞에서 인간은 얼마나 작은 존재인가. 천재지변, 역병과 같은 자연재해는 순리를 거스르며 자연의 힘을 무시하고 파괴하는 인간들에게 자연이 가하는 응징일 것이다. 인간이 자연 앞에서 오만한 모습을 거두지 않는 한 자연은 우리를 결코 용서하지 않을 것이며 종국에는 감당할 수 없을 만큼의 대가를 치르게 될지도 모를 일이다. 그러므로 인간은 자연 앞에서 늘 겸허해야 하며, 자연과 더불어 살아가야 하는 우리는 자연을 반드시 보호해야 한다.

'일회용품을 쓰지 말자. 물과 전기를 아껴 쓰자.'는 말은 우리 모두가 어릴 때부터 귀에 못이 박히도록 들어 온 일종의 구호 같은 것이 아니던가. 어렵지 않은 작은 일부터 실천하자. 자연을 지키는 것은 결국 인간을 지키는 일이다.

check

☐

226

창조자의 정신

Der Geist des Schöpfers

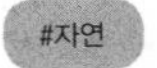

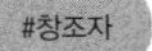

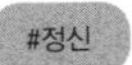

#기쁨

▶ 감히 오를 수 없는 험한 산과 아무 발길도 닿지 않는 황야를 넘고 건너서 미지의 대양 끝에 이르기까지 모든 자연에는 창조자의 숨결이 고루 스며들어 있네. 그 창조자의 정신은 생명 없는 작은 티끌일지라도 그것 하나하나와 기쁨을 나누는 것이라네.

Bis ans Ende des unbekannten Ozeans weht der Geist des Ewigschaffenden und freut sich jedes Staubes, der ihn vernimmt und lebt.

● 『젊은 베르테르의 슬픔』

누구도 가지 않은 길을 가는 것, 모두가 옳다고 하거나 그르다고 할 때 아니라고, 혹은 맞다고 말하는 것은 용기 있는 자만이 할 수 있는 일이다. 함께하는 이들이 없기에 필연적으로 외로울 수밖에 없는 것, 특히 기존의 관습이나 가치와 싸워야 하는 투쟁이 될 때는 더욱 고독할 수밖에 없다.

무언가를 창조해 내는 것 역시 이와 다르지 않다. 창조(創造)란 말 그대로 없던 것을 만들어 가는 것이며 기존의 것을 새롭게 해야 하는 것이기 때문이다. 우리가 쉽게 마주하고 당연히 누리고 있는 것 중에 많은 것들이 누군가의 고뇌 속에서 탄생한 귀한 마음이 깃들어 있는 것임을 잊지 말아야 한다.

#모든 자연에는 창조자의 숨결이 고루 스며들어 있다. •••

check

☐

227

자연이 주는 두려움

Angst vor der Natur

save

#자연 #잠재력 #파괴력 #두려움

▶ 내 마음을 무너뜨리는 그것은 자연 속에 숨겨져 있는 잠재된 힘이라네. 자연은 항상 이웃과 자신을 파괴하는 그런 강력한 파괴력을 만들어 내지. 그런 생각만 하면, 나는 너무나 무서워서 현기증이 나네.

Mir untergräbt das Herz die verzehrende Kraft, die in dem All der Natur verborgen lieg.

● 『젊은 베르테르의 슬픔』

때때로 자연이 우리에게 보여 주는 힘은 놀라울 만큼 아름답고 신비하다. 계절마다 사시사철 옷을 갈아입듯 색깔을 바꾸는 나무들, 그 나무가 모여 이루어 낸 숲과 산은 자연의 물감을 풀어 채색한 진짜 그림이다. 사진과 영상으로만 보던 경관을 직접 찾아가 오감으로 흡수할 때의 희열이란. 우리가 그토록 산에 오르고 바다를 찾는 이유가 여기 있다. 자연은 눈으로만 보는 것이 아닌, 온몸으로 마주해야 하는 것이기 때문이다.

자연의 정기를 받으며 상쾌한 공기를 마실 때 정화되는 기분은 누구나 한 번쯤 경험해 봤을 것이다. 바쁜 일상에 지쳐 낙향하거나 도시 생활에 염증을 느껴 귀농하는 것도 모두 이러한 자연에 치유받고 싶기 때문이리라. 이렇듯 자연이 주는 무궁무진하고 영험한 혜택을 누리고 있는 우리는 자연을 지키기 위해 노력해야 한다. 영험하다는 것은 누구도 예측할 수 없는 힘을 지니고 있다는 뜻이기도 하다. 자연의 소중함을 잊고 발전과 개발이라는 명목으로 자연을 훼손하며 인간의 소유물로 전락시킨다면 언젠가 우리는 반드시 그 대가를 치르게 될 것이다. 우리가 누리고 있는 것 중에 노력 없이 이루어지는 당연한 것은 없으니까.

#자연 속에 숨겨져 있는 힘은 놀라울 만큼 아름답고 신비하다.

check

☐

228

자연의 품

Busen der Natur

save

#자연 #친절함 #안락함

▶ 나를 품어 주는 자연은 친절하고 안락하다. 물결은 노 젓는 움직임에 따라 우리의 나룻배를 위아래로 흔들고, 구름을 지나 하늘로 솟은 산들은 앞으로 가는 우릴 맞는구나.

Wie ist Natur so hold und gut, Die mich am Busen hält!

● 「호수 위를 지나며」

check

□

229

불쌍한 별들아

▶ 가련한 별들아, 불쌍한 별들아. 고매하고 반짝거리며 갈 길 모르는 뱃사람의 앞을 밝혀 주건만 신도 인간도 보답하지 않는구나! 무한한 시간이 별의 무리를 쉴 새 없이 드넓은 하늘로 이끌고 가는구나.

Die ihr schön seid und so herrlich scheinet, Dem bedrängten Schiffer gerne leuchtet, Unbelohnt von Göttern und von Menschen Denn ihr liebt nicht, kanntet nie die Liebe!

● 「밤, 단상」

check

□

230

물과 같은

Wie Wasser

#인간 #삶 #물 #허망함

save

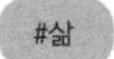

▶ 인간의 삶은 물과 같다. 높은 곳에서 내려와 높은 곳으로 향하고, 또 다시 내려와 가장 낮은 땅으로 향한다. 이렇게 늘 허망하다.

Des Menschen Seele Gleicht dem Wasser.

● 「영혼의 노래」

check

□

231

자연의 속성

Attribut der Natur

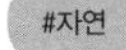

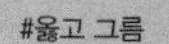

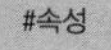

▶ 자연은 옳고 그름을 가리지 못한다. 하늘의 해는 악과 선을 가리지 않고 비추며 달과 별 역시 죄인과 선인을 가리지 않고 비춘다.

Denn unfühlend Ist die Natur.

● 「신의 뜻」

check

☐

232

멀리 뜬 별

Ein weit entfernter Stern

#밤하늘 #별 #황홀함

▶ 저 멀리 뜬 별을 따려는 사람은 없어. 그저 반짝이는 것을 음미하지. 선명한 밤하늘을 우러러 그저 황홀함에 빠지지.

Ach nein, erwerben kann ich's nicht, Es steht mir gar zu fern.

● 「눈물이 주는 위안」

check

□

233

인간을 위해

Für Menschen

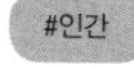

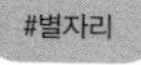

#휴식

▶ 신은 인간을 위해 물과 바다의 등대로 별자리를 세웠다. 그를 닮은 인간들이 하늘을 바라보며 마음을 쉴 수 있도록.

Als Leiter zu Land und See Damit ihr euch daran ergötzt, Stets blickend in die Höh.

● 「자유로운 영혼」

괴테가 '자연과 신'에 관해 말을 전하다

check

☐

❶ 내 마음속에 살아 있는 신은 내 마음속 깊이 들여다볼 수 있지만 내 모든 힘 위에 군림하는 신은 외부적인 어떤 것도 뒤흔들 수 없다.

❷ 자연만이 무한히 풍요롭고, 자연만이 위대한 예술가를 탄생시킨다.

❸ 인간은 너무나 작고 하찮은 존재이기 때문에 다른 만물을 보잘것없이 여기는 것은 아닐까?

❹ 모든 자연에는 창조자의 숨결이 고루 스며들어 있다. 그 창조자의 정신은 생명 없는 작은 티끌일지라도 그것 하나하나와 기쁨을 나누는 것이다.

❺ 내 마음을 무너뜨리는 그것은 자연 속에 숨겨져 있는 잠재된 힘이다.

❻ 인간의 삶은 물과 같다. 높은 곳에서 내려와 높은 곳으로 향하고, 또 다시 내려와 가장 낮은 땅으로 향한다. 이렇게 늘 허망하다.